Imre von der Heydt

Rauchen Sie?

Verteidigung einer Leidenschaft

Imre von der Heydt

Rauchen Sie?
Verteidigung einer Leidenschaft

DuMont

Erste Auflage 2005
© 2005 DuMont Literatur und Kunst Verlag, Köln
Alle Rechte vorbehalten
Ausstattung und Umschlag: Groothuis, Lohfert, Consorten (Hamburg)
Gesetzt aus der Corporate
Gedruckt auf säurefreiem und chlorfrei gebleichtem Papier
Satz: media office gmbh, Kornwestheim
Druck und Verarbeitung: Clausen & Bosse, Leck
Printed in Germany
ISBN 10: 3-8321-7931-3
ISBN 13: 978-3-8321-7931-1

Bevor man eine Frage beantwortet,
sollte man immer erst seine Pfeife anzünden.
Albert Einstein

Ich behandle das Leben als etwas Unangenehmes,
über das man durch Rauchen hinwegkommen kann.
Robert Musil

Wird nicht mehr lange dauern, dann sind sie
hinter allem her, nicht nur Drogen,
sondern auch Bier, Zigaretten, Zucker, Salz, Fett –
was Du willst. Alles was auch nur entfernt
geeignet ist, die Sinne zu erfreuen, müssen sie
kontrollieren. Und sie werden es kontrollieren.
Thomas Pynchon

Die deutsche Frau raucht nicht.
Adolf Hitler

Männer, die sich das Rauchen
abgewöhnt haben, sind mir unheimlich.
Jeanne Moreau

Viel Rauch um nichts?

»Gott sei Dank raucht man ja in der ganzen Welt, es ist nirgendwo un-
bekannt, soviel ich weiß, wohin man auch etwa verschlagen werden
sollte. Selbst die Polarforscher statten sich reichlich mit Rauchvorrat
aus für ihre Strapazen, und das hat mich immer sympathisch berührt,
wenn ich es las.«

(Thomas Mann, Zauberberg)

Es riecht und schmeckt gleichermaßen köstlich und widerlich,
bitter und süßlich, es regt an, beruhigt, tröstet, es macht Spaß,
es ist cool und sexy, es ist so heroisch wie banal, es vertreibt die
Zeit, vor allem Angst und Langeweile. Es bereitet Muße, weckt
den Geist, schärft die Sinne, verleitet zum Träumen, ist scheinbar nutzlos und doch unendlich vielseitig, genüßlich und notwendig. Menschen haben sich den Kopf dafür abschlagen lassen, sind dafür ins Gefängnis gewandert, haben in Hungers-
zeiten selbst ihren letzten Bissen dafür hergegeben.

Der amerikanische Literaturwissenschaftler Richard Klein
nennt es erhaben, Jean Cocteau preist seine *verführerische Zau-*
berkraft, Jean-Paul Sartre hält ein Leben ohne Zigaretten für *ein*
bißchen weniger lebenswert, Molière meint, ohne Rauchen sei es
überhaupt nicht wert, gelebt zu werden. Somerset Maugham bezeichnet es als *die einzige Erfüllung seines Lebens, in die sich nie*
die Bitternis der Enttäuschung gemengt habe. Und Mark Twain

erklärt sogar: *Wenn man es im Himmel nicht tun darf, gehe ich nicht hin.*

Es könnte alles so schön sein. Und vielleicht auch ein ›wenig‹ schädlich ...

Aber etwa siebzehn Millionen Menschen in Deutschland haben heute ein Problem. Genau wie schätzungsweise 1,1 Milliarden Menschen auf der ganzen Welt. Nach dem einhelligen Urteil von Medizin, Wissenschaft und Gesundheitsbehörden macht Rauchen süchtig, löst Krankheiten aus, kann es krebserregend und tödlich sein.

Zugleich hat dieses Urteil zu einer stetig ansteigenden Flut von Verboten, Sanktionen und Warnvorschriften geführt, die darauf abzielen, den sogenannten ›epidemischen Ausmaßen‹ des Tabakkonsums Einhalt zu gebieten. Weltweit wird das Rauchen als Geißel der Menschheit angeprangert, die Weltgesundheitsorganisation (WHO) hat es mit geschätzten 5 Millionen Rauchertoten jährlich zum »Risikofaktor Nr. 1« erklärt. Genau betrachtet gibt es heute kaum noch eine Krankheit, die nicht auch den Zigaretten angelastet wird.

Ebenso wächst der moralische Druck: Raucher werden öffentlich beschimpft als suchtkranke Ignoranten und Idioten, verantwortungslose Umweltverpester, als Mörder und Selbstmörder – kurzum: Raucher sind *schreckliche Menschen!* Das Motto der Tabakgegner lautet: Rauchen ist tödlicher Schwachsinn, und deshalb darf und *muß* es mit allen Mitteln bekämpft werden.

Die entscheidende Frage aber lautet: Sind Zigaretten tatsächlich so gefährlich? Und selbst *wenn* – sind die Maßnahmen deshalb gerechtfertigt?

Um Mißverständnissen vorzubeugen: Es geht nicht darum, Rauchen als *gesund* zu bezeichnen. Ohne Zweifel gibt es unzählige Hinweise darauf, daß es in übertriebenem Maße und vor allem im Zusammenhang mit anderen Risikofaktoren gesundheitsgefährdend sein kann.

Genauso aber gibt es eine ganze Reihe von bedenkenswerten Argumenten, die nahelegen, daß diese Gefahren systematisch aufgebauscht worden sind. Allein die praktische Lebenserfahrung lehrt: Rauchen ist nicht *zwingend* tödlich – und führt auch nicht *zwangsläufig* zu schweren Erkrankungen. Viele Menschen rauchen ihr Leben lang und erreichen dennoch ein hohes und würdiges Alter. Die vermeintlichen Risiken sind offensichtlich auch abhängig von der täglichen Menge gerauchter Zigaretten, der individuellen gesundheitlichen Grundverfassung sowie einer Vielzahl von Aspekten der persönlichen Lebensführung wie Ernährung, Fitneß, Streß, Umwelteinflüsse oder Arbeitsbelastung, die bekanntlich ebenfalls großen Einfluß auf die Gesundheit haben.

Ähnliches gilt für den angeblich *übermächtigen* Suchtfaktor des Rauchens, der im Laufe der Zeit zu einem gewaltigen Schreckgespenst aufgebaut worden ist. Das Problem ist: Niemand – selbst die Wissenschaft nicht – weiß genau, was Sucht ist. Gleichzeitig gibt es mittlerweile Millionen und Abermillionen von Menschen, denen es unter durchaus erträglichen Bedingungen gelungen ist, mit dem Rauchen aufzuhören. Daß die Menschen rauchen, weil sie Freude daran haben, weil es ihnen Vergnügen bereitet, vielleicht sogar ein Gefühl von Nutzen vermittelt, ist im Rahmen der allgemeinen Suchtdebatte völlig undenkbar und jenseits aller Vorstellungskraft.

Äußerst beliebt sind auch die Aufzählungen der zahlreichen Schadstoffe, die beim Abbrennen einer Zigarette freigesetzt werden. Über 5 000 zum Teil hochgiftige Substanzen hat man inzwischen im Rauch der kleinen Glimmstengel entdeckt. Was allerdings gerne übersehen wird: daß *außer dem Nikotin* keine einzige dieser Substanzen ein exklusiver Bestandteil von Zigarettenrauch ist. Das macht sie zwar nicht besser, aber es ist schon bemerkenswert, mit welcher Inbrunst alle Übel der Welt – respektiv: hochgefährliche Umweltgifte – ausgerechnet in der Zigarette ausfindig gemacht werden, während wir sie im Alltag scheinbar bedenkenlos in Kauf nehmen sollen. Kurios ist auch, daß wir trotzdem nicht auf der Stelle tot umfallen.

Nichts anderes gilt schließlich für die angeblich *akuten Gefahren* des Passivrauchens, die – vielleicht mehr noch als alle anderen – zu den systematischen Übertreibungen der Anti-Tabak-Bewegung gehören. Nach den Gründen muß man nicht lange suchen: Das Passivrauchen ist zum entscheidenden Instrument der modernen Verbotspolitik geworden; einer sorgfältigen Prüfung aber halten auch diese Vorwürfe nicht stand. In Amerika sind sogar schon die Gerichte eingeschritten: 1998 entschied ein amerikanischer Bundesrichter in North Carolina, daß die Warnungen der amerikanischen Umweltschutzbehörde (EPA) vor den Gefahren des Passivrauchens und seine Klassifizierung als »karzinogen« auf unzulässigen wissenschaftlichen Standards basieren und deshalb für ungültig erklärt werden müssen.

Um auch das klarzustellen: Es soll hier nicht behauptet werden, daß man Tabakqualm nicht als Belästigung empfinden kann. Es soll auch nicht geleugnet werden, daß während der 60er und 70er Jahre des letzten Jahrhunderts die Rauchsitten zum Teil exzessive Züge angenommen haben.

Gleichwohl hat sich seitdem insbesondere von Amerika aus eine geradezu *fanatische Feindseligkeit* gegenüber der Zigarette ausgebreitet, die zum Ausgangspunkt des heute weltweiten Kreuzzuges geworden ist. In einem Leitartikel des »Journal of the American Medical Association« werden die durch den Tabakgenuß verursachten Toten mit dem Völkermord der Nazis verglichen und als »Opfer des Tabak-Holocausts« bezeichnet.[1] Stanton A. Glantz, einer der prominentesten Anti-Raucher-Aktivisten Amerikas, vergleicht 1997 in der »Los Angeles Times« die Tabak-Industrie mit Timothy Veigh, dem Bombenattentäter von Oklahoma City – nur mit dem Unterschied, daß die Tabakindustrie mit über 10 Millionen toter Amerikaner (seit 1964) sehr viel mehr Opfer auf dem Gewissen habe.[2]

Geschmacklose Vergleiche und verstörende Schockparolen sind zum Standard der modernen ›Gesundheitsaufklärung‹ geworden. Und das mittlerweile auch in Europa. So wird man heute auf Zigarettenpackungen davor gewarnt, daß Rauchen unfruchtbar und impotent macht. Dabei entstammt die zwischen 1946 und 1964 geborene Generation der *Baby-Boomer* einer Ära, in der *stärker und hemmungsloser* geraucht wurde als jemals zuvor.

Zu den von der EU entworfenen Warnbildern für Zigarettenpackungen gehört neben Abbildungen von verklumpten Spermien oder monströsen Kehlkopfwucherungen auch ein weit aufgerissener Mund mit abgefaulten, verstümmelten Zähnen. Eine *typische* Folge des Rauchens?

Die Warn- und Verbotspolitik nimmt zunehmend groteske Züge an, die in deutlichem Widerspruch stehen zu einer Gesellschaft, die sich eigentlich als modern, aufgeklärt und demokratisch versteht. Selbst überzeugte Nichtraucher beschleicht das Gefühl, daß die hysterische Aufgeregtheit um das Rauchen allmählich maßlos überzogen ist.

Aus gutem Grund stellt sich die Frage, ob der rastlose Eifer gegen das Rauchen nicht auch ganz andere Gründe hat. Es fällt ins Auge, daß die gegenwärtige Debatte um das Rauchen zutiefst verwoben ist mit den Errungenschaften und Zielsetzungen des modernen Gesundheitswesens. Wohl ohne Übertreibung kann man sagen, daß wir – und damit auch die Raucher – heute in einer Zeit leben, die geradezu *besessen* ist von Gesundheit. Ob Fitneß-Welle, Diät-Wahn oder auch nur der regelmäßige Arzt- und Apothekenbesuch – die fortschreitende *Medizinisierung* unseres Alltagslebens ist allgegenwärtig. Hauptsache gesund! – lautet das Motto: gesund essen, gesund schlafen, gesund arbeiten. Am besten auch: gesund sterben!

Scheinbar unbeeindruckt widersetzt sich der Raucher den heiligen Geboten des Gesundheitswesens und zündet sich, während Heerscharen von Forschern mit Hilfe gigantischer Forschungssummen am vermeintlichen medizinischen Fortschritt arbeiten, fröhlich eine Zigarette an.

Zugleich zeigt ein Blick in die Geschichte, daß der Kampf gegen das Rauchen uralt ist. Lange bevor die Medizin ihren schließlich ablehnenden Standpunkt zum Tabak eingenommen hatte, waren es vorwiegend politisch-moralische, vor allem aber *religiöse* Gründe, die zu einer oftmals fanatischen Bekämpfung des Rauchens geführt haben.

Schon Rodrigo de la Jerez, ein Begleiter Columbus' und wahrscheinlich der erste offizielle europäische Raucher, wurde, als er aus Mund und Nase qualmend aus Amerika heimkehrte, von der Inquisition umgehend in den Kerker geworfen. Und bereits 1603/04 listet James I., König von England und Schottland, in seiner eigenhändig verfaßten Streitschrift »A Counterblaste to Tobacco« alle bis heute geltenden Argumente gegen das Rauchen auf und nennt es zugleich »the greatest sinne of all«.[3]

Rauchen als Verschwendung, Sünde und gottloses Laster: Vieles deutet darauf hin, daß die tief in unserer christlichen Glaubenstradition verankerte *asketische Grundhaltung* zum Leben eine der entscheidenden Antriebsfedern auch der modernen Anti-Raucher-Bewegung ist. Sie erklärt den missionarischen Eifer, mit dem das Rauchen auch heute noch verfolgt wird, und sie macht plausibel, warum der Hauptanstoß der modernen Verbotswelle aus dem puritanisch geprägten Amerika kommt.

Christliche Enthaltsamkeitslehre, puritanische Lust- und Körperfeindlichkeit oder auch das Beispiel der amerikanischen Prohibition geben Aufschluß über die religiösen Motive des Anti-Raucher-Kreuzzuges. Von Nietzsche stammt der Schlüsselbegriff des »asketischen Priesters«, der als Archetypus eines zutiefst misanthropischen, lustfeindlichen, paranoiden und häufig auch missionarisch veranlagten Menschen den moralisch-psychologischen Kern der Bewegung erklärt:

> »… dieser Hass gegen das Menschliche, mehr noch gegen das Thierische, mehr noch gegen das Stoffliche, dieser Abscheu vor den Sinnen, vor der Vernunft selbst, diese Furcht vor dem Glück und der Schönheit, dieses Verlangen hinweg aus allem Schein, Wechsel, Werden, Tod, Wunsch, Verlangen selbst – das alles bedeutet, wagen wir es, dies zu begreifen, (…) einen Widerwillen gegen das Leben, eine Auflehnung gegen die grundsätzlichsten Voraussetzungen des Lebens …«[4]

Zweifellos ›große‹ Worte für ein vermeintlich kleines Thema, aber sie legen nahe, warum das Rauchen innerhalb dieses Weltbildes auf so erregten Widerstand stoßen muß. Jede Form von Vergnügen, Lust und Ausschweifung wird als Bedrohung, Sünde und schließlich Krankheit angesehen.

In der Neuzeit aber ist zunehmend die Medizin an die Stelle des moralischen Sittenwächters getreten, aus der ›christlichen Sünde‹ ist ein ›medizinisches Laster‹ geworden. Dabei sind die vielen Berührungspunkte zwischen Religion und Medizin ohnehin faszinierend: Traditionell ist die Kirche für das Seelenheil zuständig und hat zu diesem Zweck die Züchtigung des Leibes erfunden. Die Medizin hingegen ist für das ›leibliche Wohl‹ verantwortlich und verknüpft dies seit jeher mit Forderungen nach einem tugendhaften Lebenswandel. Der moderne ›Gesundheitseifer‹ mit seinen Diätvorschriften und Fitneßprogrammen kann daher seine enge Verwandtschaft mit der christlichen Enthaltsamkeitslehre kaum verbergen.

Hier geht es um fundamentale Fragen unseres Verhältnisses zu Lust und Moral, Gesundheit und Krankheit, Leben und Sterben. Wobei wir nie vergessen sollten: Egal ob wir essen oder trinken, arbeiten, Sport treiben, Streß haben oder Feste feiern – das Leben ist unweigerlich ein Vorgang, der zu Abnutzung und Verschleiß führt, unabhängig davon, ob wir es streng asketisch führen oder in vollen Zügen genießen.

Genau damit aber können und wollen sich sowohl Religion als auch Medizin augenscheinlich nicht abfinden. Unablässig beargwöhnen sie daher unsere Lebensgewohnheiten, predigen Mäßigung gegenüber den Ausschweifungen des Daseins und warnen uns unermüdlich vor den Gefahrenquellen des Lebens.

Zugleich liegt der Verdacht nahe, daß es den Gegnern der Ausschweifung keineswegs nur ums allgemeine ›Seelenheil‹, sondern vielmehr generell um die gesellschaftliche Regulierung menschlicher Triebregungen geht. Als sich der Tabak während des Dreißigjährigen Krieges im Volk als Genußmittel ausbreitete, bedrohte er in beängstigender Weise die Konsumhierarchie der ständischen Gesellschaft. Im frühen 19. Jahrhundert galt Rauchen in der Öffentlichkeit als Zeichen politischer Aufmüpfigkeit und lag, noch vor Landstreicherei, Prostitution und Diebstahl, an der Spitze der Begründungen für polizeiliche »Arrestierungen«. Amerikanische Großindustrielle wie Henry Ford oder John Harvey Kellogg weigerten sich Anfang des 20. Jahrhunderts, Raucher anzustellen, ›weil man ihnen nicht trauen könne‹.

Von Anbeginn an war der Kampf gegen das Rauchen auch ein Kampf gegen das persönliche Recht auf Genuß und Selbstvergnügen. Und seit jeher sind sich Priester, Ärzte und manche politischen Machthaber zumindest in diesem Punkt einig: für die Aufrechterhaltung der sittlichen Ordnung bedarf es der Bändigung des menschlichen Lusttriebes mit seinen selbstsüchtigen Instinkten und Genußansprüchen. Nicht zuletzt auch für einen reibungslosen Ablauf des Wirtschafts- und Arbeitslebens sind selbstbeherrschte, verzichtbereite und pflichtbewußte Menschen nötig.

Das erklärt auch, warum immer wieder die lustbetonten Aspekte des Lebens – Sexualität, Müßiggang, Genußmittelkonsum – einer strengen Reglementierung unterstellt waren, während es in den Bereichen Arbeit und Krieg über die längste Zeit hinweg weder moralische noch gesundheitliche Bedenken gegeben hat. Nicht aus Zufall auch hat die katholische Kirche soviel Energie in die ganze Bibliotheken füllende Ausarbeitung und grausame Umsetzung einer restriktiven Sexuallehre gelegt und sich zum Thema Krieg jahrhundertelang in stillschweigende Zustimmung gehüllt.

In der Moderne ist es im Zuge des triumphalen Aufstiegs

der medizinischen Wissenschaften neben den zahlreichen Segnungen auch immer wieder zu grausamen Entgleisungen gekommen. Der medizinische Feldzug gegen die »Krankheit Onania« im 18. und 19. Jahrhundert, die wissenschaftlichen Theorien der Eugenik zu Beginn des 20. Jahrhunderts oder auch der nationalsozialistische Gesundheitskult sind Beispiele eines *gesundheitspolitischen Fundamentalismus*, der in den verschiedenen Etappen der modernen Zivilisation seine schmerzhaften Spuren hinterlassen hat.

Zumindest wird klar: Gesundheit ist kein harmloser Begriff. Hinter der freundlichen Fassade ›gesundheitlicher Fürsorge‹ verbirgt sich nur allzu häufig das ordnungspolitische Kalkül moralischer Bevormundung. Und das gilt in besonders auffälliger Weise auch für den Gesinnungseifer der modernen Anti-Raucher-Bewegung, der seinem Wesen nach zutiefst intolerant, undemokratisch und antifreiheitlich ist. Heerscharen von Menschen machen es sich zur *Lebensaufgabe*, anderen Menschen vorschreiben zu wollen, wie sie zu leben haben.

Das Zusammenspiel von religionspolitischem Reinheitswahn und gesundheitspolitischer Autokratie verweist dabei auf ein Phänomen, das man ganz radikal als Gesundheitsdiktatur bezeichnen kann. Das Eigensinnige und Lustvolle, das Lästige und Abweichlerische wird *aus Prinzip* bekämpft und verfemt. Der Kampf gegen das Rauchen steht daher stellvertretend für einen Kampf gegen die Kultur, gegen gesellschaftliche Vielfalt und nicht zuletzt gegen das Leben. Hinter der vermeintlich wohlmeinenden Sorge um unsere Gesundheit verbirgt sich die

Utopie eines von allen Ausschweifungen, Vergeudungen und Risiken gereinigten, sterilen Gemeinwesens.

Ein grundlegendes Dilemma dieses medizinisch-asketischen Weltbildes aber bleibt unverrückbar bestehen. Trotz aller Heilsverkündungen: Es wird dem Leben nicht gerecht. Das Leben verlangt nun mal nach Belastung, Verausgabung, Berührung; gleichwohl ist es voller Gefahren, Verlockungen und Verführungen. Vor allem besteht das Leben seinem ureigensten Wesen nach aus *Lust*: der Lust zu atmen, zu essen, zu trinken, zu schlafen, zu lieben, zu arbeiten. Auf die sowohl genüßlichen als auch schmerzhaften Begleiterscheinungen des Lebens verzichten bedeutet in letzter Konsequenz: auf das Leben *selbst* zu verzichten.

In diesem Sinne folgender Vorschlag zur Güte: Für das Rauchen gilt dasselbe *wie für die meisten anderen Aspekte des Lebens auch*. Im übertriebenen Ausmaß kann es gesundheitsgefährdend sein – so gefährlich wie exzessives Essen, zu viel Alkohol, Streß, Schlafmangel, Auto-Abgase, Umweltschadstoffe, etc. Jeder Mediziner weiß, daß die Dosis den Unterschied ausmacht zwischen einem Heilmittel und einem Gift. Oder wie schon Paracelsus sagte: sola dosis facit venum.

Deswegen ist es auch unsinnig, den Exzeß als Beweis hinzustellen. Selbst wer täglich joggt, muß auf seine Gelenke achten, wer eine Laktose-Intoleranz hat, sollte auf Milchprodukte verzichten. Man muß Rauchen nicht als ›harmlos‹ bezeichnen, und natürlich gibt es Menschen, die das Rauchen nicht vertragen oder – vor allem auch – *übertreiben*. Keine Frage auch, daß es einen Unterschied macht, ob jemand fünf Zigaretten am Tag raucht – oder fünfzig. Die Verantwortung dafür liegt aber *einzig und allein* beim Konsumenten und ist nicht dem Produkt anzulasten.

Nicht zuletzt aber sollte es möglich sein, auch über die Vorzüge des Rauchens zu reden, über das geheimnisvolle Ritual der Rauchzeremonie und seine magischen Momente: Momente der Besinnung, der Einkehr, der ästhetischen Kontemplation, des Zeitstillstandes – Momente des Heraustretens aus den strengen Abläufen und Zwängen des Alltags.

Es gibt eine moderne Neigung, das Rauchen mit Mangel an Bildung und ›asozialen‹ Verhältnissen in Verbindung zu bringen. Viele Beispiele aus der Geschichte bezeugen das Gegenteil: Überall wo geistiger Aufbruch herrschte, wurde der Tabakkonsum geschätzt und gepflegt: in den Herrenclubs der europäischen Geistes-Eliten, in der Künstlerbohème der Jahrhundertwende, bei den Arbeiteraufständen des Frühkapitalismus; selbst die Emanzipation der Frau fand ihren symbolischen Ausdruck in einer drastisch ansteigenden Zahl von Raucherinnen.

In der Dichtung, in der Literatur, im Film und sogar in der Philosophie gibt es vielfache Hinweise auf eine kulturpolitische und kulturphilosophische Dimension des Rauchens, seine Würde, seine Lustbereitung, sogar seine erkenntnistheoretischen Aspekte (Sartre). Rauchen gerade nicht als *Zwang* verstanden, sondern als *Befreiung von Zwängen*!

Und vielleicht liegt genau hier der größte Irrtum der Rauchgegner: daß sie unter dem Joch der modernen Gesundheitsdoktrin das Rauchen immer nur als körperlich-medizinisches Phänomen beurteilen. Dabei ist es vor allem auch etwas *Geistiges* und gleicht – mehr als dem Essen oder Schlafen – eher dem Denken und Träumen.

Zugleich hat das Rauchen die Menschheit in ihren dramatischsten Momenten begleitet: in Form der Friedenspfeife die Natureinwohner Amerikas; Millionen von Soldaten in den Kriegen Europas und Ostasiens; Wissenschaftler, Forscher, Künstler während ihrer riskanten geistigen und irdischen Entdeckungsreisen; und nicht zuletzt die Heerscharen von Arbeitnehmern im täglichen Überlebenskampf der modernen Leistungsgesellschaft. Weil das Leben mit all seinen Krisen und Unwägbarkeiten nicht ›einfach‹ ist, haben die Menschen immer wieder zu Überlebensmitteln wie dem Rauchen gegriffen.

Und nicht zu vergessen: Rauchen macht Spaß. Rauchen beruhigt. Rauchen regt an. Rauchen gibt Sicherheit. Rauchen läßt vergessen – nicht nur Hunger, auch Angst und Niederlagen. Und Rauchen bietet Genuß. Und vielleicht kann man es hier sogar stellvertretend für eine ›Moral des Genießens‹ betrachten – als Gegenthese zur modernen Gesundheitsethik: wer nicht bereit ist, das Leben zu genießen, *der hat das Leben verfehlt.*

Zumindest darf zu bedenken sein, ob das Rauchen als Freiheits- und Genußakt nicht eine praktische Form des Widerstandes und der ›geistigen Auflehnung‹ bereithält, die weit über das profane Abbrennen von getrockneten Tabakblättern hinausreicht: das Rauchen als eine Insel des Denkens, Zweifelns, Hoffens, Tröstens, als eine Art heiliger Makel – oder anders gesagt: als ein Geheimnis, das uns etwas darüber verrät, was uns Menschen zu Menschen macht.

Vielleicht hat ja der liebe Gott auch das Rauchen erfunden?

1 Jacob Sullum: For Your Own Good. New York 1998, S. 9
2 Ebd.
3 Ebd. S. 18
4 Friedrich Nietzsche: Zur Genealogie der Moral. In: Sämtliche Werke. Kritische Studienausgabe in 15 Bänden, Band 5. München, Berlin, New York 1980, S. 412

Vom stinkenden Tabaksgott und höllischen Rauch

*»Der Genuß einer guten Zigarre läßt uns an Zeiten zurück erinnern,
die es gar nicht gegeben hat.«*

Oscar Wilde

Der Rauch der Welt

Seit Menschengedenken hat der Tabak in einer wirren und feind-
lichen Welt den Menschen viele schöne Momente des Trostes,
der Entspannung und der Besinnlichkeit geschenkt.

Oder anders: seit es Menschen gibt, wird geraucht. Völlig
unabhängig voneinander, in allen Teilen der Welt, bei den Griechen und Römern, Kelten und Germanen, Asiaten und Azteken,
findet man Zeugnisse von Rauchsitten und Rauchritualen. Das
Verbrennen von Weihrauch war schon im Zweistromland und in
Ägypten bekannt und verbreitete sich von dort aus auch im jü-
dischen und griechischen Kulturraum. Hippokrates empfahl
das Einatmen geweihten Rauches bei Frauenleiden, Plinius riet
zur Inhalation des Rauches trockener Huflattichblätter (Tussi-
lago) gegen chronischen Husten. Herodot beschreibt den Gebrauch von Pfeifen zum »Raucheinsaugen«.[1]

Aber als Ursprungsland des Tabaks gilt das Land der Indianer.

Ursprünglich war das Rauchen vor allem Teil kultischer Handlungen, als Rauchopfer, aber auch in Form von Regen- und Kriegszauber. Der Tabak war für die Indianer ein Geschenk der Götter, das sie mit den vier Elementen Erde, Wasser, Feuer und Luft in Verbindung setzte.[2] Bei Initiationsriten trank man Tabaksaft, bei Friedensschlüssen rauchte man die Pfeife (Kalumet). Eng mit den zeremoniellen Riten verbunden war der medizinische Gebrauch. »Bei Verdauungsstörungen setzte man Tabak als Brech- und Abführmittel ein, bei Kopfschmerzen wurde Tabak geschnupft, auf Wunden oder erkrankte Haut legte man Tabakblätter (und tötete damit, wie man heute weiß, die Fliegenlarven).«[3] Zudem verwendeten die Indianer auf ihren oft langen und beschwerlichen Wanderschaften Tabak als »Hungerstiller«. In jeder Hinsicht aber haftete dem Tabak etwas Magisches und Heiliges an.

Und dann, im Oktober 1492, nahm die moderne, westliche Geschichte des Rauchens ihren zaghaften Anfang: Columbus landet auf den heutigen Bahamas und erhält von den dortigen Einwohnern als Gastgeschenk unter anderem seltsame getrocknete Blätter. Einige Wochen später ist erneut Land in Sicht, wahrscheinlich Cuba, und Columbus sendet Luis Terres und Rodrigo de Jerez aus, um den Großkhan von China zu suchen. Den finden sie zwar nicht, dafür aber erfahren sie mehr über den Gebrauch der Blätter, die die Eingeborenen angezündet »in den Mund stecken und den Rauch ›trinken‹«.[4]

Mit der Rückkehr der Entdecker Amerikas kommt so die Tabakpflanze Anfang des 16. Jahrhunderts nach Europa. Mit an Bord auch Rodrigo de Jerez, den man wohl getrost als den ersten modernen europäischen Raucher bezeichnen darf. Er hatte sich kurzerhand die Sitte der Ureinwohner angeeignet.

Zugleich erzählt das weitere Schicksal von Rodrigo de Jerez auch vom historisch ersten Zusammenstoß zwischen Raucher- und Anti-Raucher-Bewegung: Als ihn die Mitbürger seiner Heimatstadt aus Mund und Nase qualmen sehen, wird Rodrigo von der Inquisition prompt in den Kerker geworfen. Aus Sicht der kirchlichen Obrigkeit konnte kein Zweifel bestehen, hier war offensichtlich der Teufel im Spiel. So wurde, Ironie der Geschichte, der erste europäische Tabak-Anhänger zugleich auch zu seinem ersten historischen Opfer; in diesem Fall der klerikalen Rauchgegner.

Dazu paßt, daß ein anderer Reisebegleiter Columbus', der spanische Mönch Bartolomé de Las Casas, als der erste historisch verbürgte Tabakgegner bezeichnet werden kann. Zumindest legt er den intellektuellen Grundstein für die dem Tabak offenbar vorherbestimmte Moralgeschichte: Als er bei den indianischen Wilden den Genuß und das Vergnügen beim Rauchen beobachtet, erkennt er sofort seine ›Lasterhaftigkeit‹. Und bis in die heutige Zeit wird dieser ›mönchische Instinkt‹ gegen die verwerfliche Unsitte des Rauchens das moralische Fundament auch für die medizinische Gegnerschaft bilden.

Zunächst aber hält sich zu Beginn des 16. Jahrhunderts die Aufregung in Grenzen. Die Tabakpflanze wird mit Zurückhaltung aufgenommen und blüht vorwiegend als Zierpflanze in den Gärten spanischer und portugiesischer Edelleute.

Zu einem der ersten großen Propheten des Tabaks wird Jean Nicot, der von 1559–1561 französischer Gesandter in Lissabon war. Er bringt die Pflanze an den französischen Hof in Paris und überzeugt seine Königin Katharina von Medici von ihrer wunderbaren Heilfähigkeit. Ihm zu Ehren trägt heute der wichtigste Wirkstoff des Tabaks, das Nikotin, seinen Namen.[5]

Nach und nach wird der Tabak von der Medizin entdeckt und gefördert, zunächst von einigen als verrückt erklärten Außenseitern, aber bald schon von der anerkannten akademischen Zunft. 1565 veröffentlicht der einflußreiche Arzt und Gelehrte Nicolò Monardes, Mitglied der damals bedeutenden Universität von Sevilla, eine Schrift mit dem Titel »Historia medicinal de las cosas sirven al uso de Medicina«, in der er den Tabak in einer Laudatio zur lang ersehnten, allheilenden Wunderpflanze erklärt. Das Buch wird ins Lateinische, Französische, Englische und Italienische übersetzt und erregt großes Aufsehen.[6] Es folgen zahlreiche ähnliche Schriften, und es entsteht eine regelrechte ›Tabakmedizin‹.

So wird – nach anfänglicher Skepsis – die Tabakpflanze in Europa unversehens zum allseits umjubelten Allheilmittel erkoren. Schon bald ist sie als *herba sancta* (heiliges Kraut) und *herba panacea* (allheilendes Kraut) in nahezu jeder Apotheke erhältlich.[7] Cornelius Boutekoe, Leibarzt des Großen Kurfürsten Friedrich Wilhelm, bekundet 1685: »Nichts ist dem Leben und der Gesundheit so nötig und dienlich als der Rauch des Tabaks, der das Leben und die Gesundheit so sehr erhält und hundert Dienste tut«.[8]

Und ein mittlerweile 300 Jahre altes Rezept gegen Bronchitis lautet: »Eine Havanna dreimal täglich, dazu morgens und abends Brustumschläge aus Tabakblättern.«[9]

Verbündete des Tabaks: Die Pest

Einen bemerkenswerten Einfluß auf die Verbreitung des Tabaks haben im 17. Jahrhundert die großen Pestepidemien, denen die Ärzte Europas weitgehend hilflos gegenüber stehen. Es sind wohl Londoner Ärzte, denen als ersten auffällt, daß Menschen, die viel rauchen, sehr viel häufiger von der Krankheit verschont bleiben. Der holländische Arzt Diemerbrook macht ähnliche Erfahrungen und schreibt während einer Pestwelle im Jahr 1636:

> »Wie das Volk sonst auf die Großen sieht, um sich nach ihnen zu richten, so blickte es zur Zeit der Pest auf die Ärzte, um von ihnen zu lernen, wie sie sich inmitten der Gefahr vor Ansteckung bewahren können. Im Verlaufe des Tages nach jeder Mahlzeit rauchte ich. Sobald mir die Ausdünstungen der Kranken unerträglich wurden, ließ ich augenblicklich alles liegen und rauchte Tabak. Der Tabak ist das wirksamste Mittel gegen die Pest, doch muß das Blatt von guter Beschaffenheit sein. Ich habe viel davon geraucht ...«[10]

Diemerbrook war ein über die Landesgrenzen hinaus bekannter und angesehener Arzt, der auf viele Heilungserfolge verweisen konnte.

Wie hoch die allgemeine Wertschätzung des Tabaks als Mittel zur Pestbekämpfung ist, zeigt auch seine Verwendung im englischen Nobelinternat Eton, wo während der Pestzeiten die Schüler jeden Morgen unter Aufsicht zum Rauchen angehalten wurden, zur Vorbeugung! Auch wenn es auf den ersten Blick abwegig erscheinen mag: wahrscheinlich hatte der Tabak tatsächlich eine ›schützende Wirkung‹, indem er Rattenflöhe, die die Pest übertrugen, fernhielt.[11]

Bis weit ins 18. Jahrhundert hinein kommt es dann auf nahezu allen medizinischen Gebieten zur Anwendung des Tabaks in Form von Tabakwasser, Tabaköl, Tabakextrakt, aber auch als Tabak-Pflaster, Pille oder Gurgelwasser.

Herausragend ist seine Anwendung als Schmerzmittel, seien es Zahn-, Hals-, Bauch- oder Gliederschmerzen. Es wird eingesetzt gegen Geschwüre, Geschwülste, Würmer und Fäulnis, aber auch gegen Rheuma, Gicht und jede Form von Hauterkrankungen. Später kommt seine erfolgreiche Anwendung bei Asthma, Keuchhusten, Tetanus und Cholera hinzu. In Form von Tabaksalbe dient es zur Behandlung von Kampf- und Kriegswunden. Bei Unterleibsbeschwerden, Darmverschlüssen und Koliken kommt es zum Einsatz von Tabakklystieren; mit Hilfe speziell entwickelter »Tabakbüchsen« wird den Patienten – im wahrsten Sinne des Wortes – der Rauch »in den Hintern« geblasen.[12]

Aus heutiger Sicht mag man den medizinischen Wert dieser Tabakmedizin pauschal in Abrede stellen und als absurde Irrlehre vorzeitlicher Heilkunst abtun. Zumindest als Schmerzmittel aber wird der Tabak kaum diese Verbreitung gefunden haben, hätte seine Verwendung nicht Wirkung gezeigt. Auch die Anwendung bei Unterleibsbeschwerden erscheint plausibel, da selbst für den heutigen Raucher die verdauungsfördernde Wirkung des Rauchens wohlbekannt ist.

Neben seiner medizinischen Verwendung aber wird der Tabak auch schon früh als Genußmittel entdeckt; wobei es nahe liegt, daß das positive Urteil der Medizin nicht ohne Einfluß geblieben ist. Bereits 1690 wird vom holländischen Arzt Beintema von Peima in seiner »Tabacologica« die anregende Wirkung des Tabaks auf den Geist hervorgehoben:

> »Einer der studiert, muß notwendig viel Tabak rauchen, damit die Geister nicht verloren gehen, oder da sie anfangen zu langsam umzulaufen, weshalb der Verstand, sonderlich wenn er schwere Sachen nicht wohl faßt, wieder möge erweckt werden.«[13]

Vor allem von England aus, wo es Sir Walter Raleigh salonfähig gemacht hat, breitet sich das Rauchen, zunächst als Privileg des Adels, dann in allen Bevölkerungsschichten, über den gesamten europäischen Kontinent aus.

Der Krieg

Von besonders großem Einfluß auf die Verbreitung des Tabaks waren die immer wieder über Europa hinwegrollenden Kriege. Wie schon Benjamin Rush 1798 bemerkt:»Angst verursacht ein Bedürfnis nach Tabak«.[14]

So findet je nach Jahrhundert die jeweilige Rauchmode einer Epoche ihre Verbreitung auf den Schlachtfeldern Europas. Während des Dreißigjährigen Krieges (1618–1648) kommt es zuerst beim Adel, dann im Volk zur Verbreitung des Pfeiferauchens. Dann, nachdem bei den höheren Ständen und auch dem Klerus das Pfeiferauchen fast völlig durch das Schnupfen verdrängt worden war (in Abhebung vom einfachen ›rauchenden‹ Volk), erobert während der Napoleonischen Kriege (1801–1807) die Zigarre den Kontinent. Unversehens wird sie zum Symbol des revolutionär aufstrebenden Bürgertums, später dann zum Sinnbild bürgerlicher Macht und Biederkeit in eigens dafür hergerichteten Herren- und Rauchzimmern.

Schließlich kommt es während des Krimkriegs (1853–1856) zu einer ersten Verbreitung der Zigarette, gefolgt von ihrem weltweiten Siegeszug im Verlauf der beiden Weltkriege.

Ursprünglich war die Zigarette eine Erfindung der Arbeiter aus den Tabakfabriken, die Tabakreste in Papier wickelten und zu Zigaretten formten. Durch ihre maschinelle Herstellung wird sie zum Sinnbild des industriellen Fortschritts. Sie wird zum Symbol der Künstlerbohème des Fin de Siècle, zum Zeichen der revolutionären politischen Strömungen, zur Insignie der Emanzipationsbewegung und schließlich zum demokratischen Massenprodukt. In kürzester Zeit kommt es zu einem gigantischen Anstieg des Tabakkonsums; allein in Deutschland schnellt der Verbrauch von jährlich 60 Mio. Zigaretten im Jahr 1870 auf 600 Mio. Zigaretten im Jahr 1890 und 11,5 Milliarden Zigaretten im Jahr 1912 in die Höhe.[15]

Der politische Kampf gegen das Rauchen

So ist das Rauchen und Schnupfen als ›Zeitvertreib‹ und Alltagsvergnügen von Anbeginn an eng verknüpft mit den jeweils vorherrschenden gesellschaftlichen und sozialen Wertvorstellungen.

Wie kaum einem anderen Konsumvorgang haftet dem Tabakgenuß die Kraft der sozialen Zeichensetzung an. Wer raucht, ›setzt Zeichen‹, sendet *sichtbare* Signale in seine Umgebung aus, demonstriert gesellschaftliche Zugehörigkeit, politische Gesinnung oder soziales Selbstbewußtsein.

Rauchen war deshalb *nie* nur reine Privatsache, es war immer auch ein öffentliches Ereignis, kulturelles Sinnbild, soziales Statussymbol und politisches Ausdrucksmittel. Zugleich wird Rauchen zum Symbol des offen zur Schau getragenen Anspruchs auf das individuelle Recht auf Genuß und Selbstbestimmung. Das erklärt sicherlich auch die schon früh einsetzende staatliche Gegnerschaft gegen das Rauchen, die insbesondere während des 17. Jahrhunderts zu einer weltweiten Welle der politischen Verfolgung von Rauchern führt.

Zu einem der berühmtesten und frühesten Manifeste gegen den Tabak wird das von James I. von England persönlich verfaßte und 1603 veröffentlichte Pamphlet: »A Counterblaste to Tobacco« (»Misocapnus sive de abusu tobacci lusus regius«). In wütenden Tiraden streitet er darin den medizinischen Nutzen des Tabaks ab und wettert gegen das Rauchen als Verschwendung und Laster, welches über alle Maßen die Leistungsfähig-

keit der Untertanen zum Wohle des Staates und auch der Kriegs-
führung gefährdet:

>Ist es nicht die größte aller Sünden, daß ihr als das Volk
dieses Königreichs, die ihr von Gott geschaffen und dazu
bestimmt seid, euch mit Leib und Leben, Hab und Gut für
die Erhaltung der Ehre und die Sicherheit eures Königs
und seine Reiches einzusetzen, dieser Aufgabe in beiderlei
Hinsicht versagen könntet?«[16]

Und so gipfelt das Traktat in dem beschwörenden Appell:

>Legt also, liebe Mitbürger, endlich diese Tollheit ab, (...)
durch die der Zorn der Gottheit entflammt, die Gesundheit
des Körpers geschwächt, das Vermögen angetastet wird,
durch die die Würde der Nation in der Heimat dahinschwin-
det und in der Öffentlichkeit feil wird; eine Sache, die
schändlich anzusehen, dem Geruch nach ekelhaft, für das
Hirn schädlich, für die Lunge nachteilig ist und die, wenn
man so sagen darf, durch die Dünste des schwarzen Rauches den Höllenbrodem am leibhaftigsten versinnlicht.«[17]

Auch wenn James' Attacken gegen das Rauchen keinen großen Erfolg haben und er es nach einer kurzen, erfolglosen Ver-
botsperiode, wie viele andere später auch, als Geschäft entdeckt,
indem er 1614 die Einfuhrzölle um das Vierzigfache anhebt, so
erfreut sich sein Traktat dennoch breiter Zustimmung und findet viele eifrige Gefolgsleute.

Denn James ist nicht der einzige Herrscher, der das Rauchen bekämpft. Vor allem in der 2. Hälfte des 17. Jahrhunderts
kommt es in allen Teilen der Welt zu einer gnadenlosen Ver-

folgung des Rauchens. Dabei sind häufig, wie auch bei James, deutliche religiöse Untertöne zu vernehmen.

Zar Michael Feodoro verbietet auf Drängen des orthodoxen Klerus 1634 das Rauchen unter Androhung von harten Prügelstrafen und Naseabschneiden. Gelegentlich werden Tabakverkäufer kastriert. Schah Abbas von Persien läßt unter Berufung auf den Koran Nasen und Lippen von rauchenden Untertanen verstümmeln.

Am drastischsten geht wohl der türkische Sultan Murad IV. während seiner Herrschaft 1623–1640 gegen die Raucher vor: nach der großen Feuerkatastrophe in Konstantinopel (1633) wird von ihm das Rauchen zur Ursache erklärt und per Dekret unter Todesstrafe gestellt. Raucher gelten fortan als politische Oppositionelle. Wie man erzählt, begibt sich der Sultan persönlich in Verkleidung an Orte, wo Tabak verkauft wird, und schlägt den Verkäufern eigenhändig den Kopf ab. Das Vermögen der Hingerichteten wird per Gesetz zugunsten des Sultans eingezogen. Bis zu 25 000 Todesopfer soll die Schreckensherrschaft dieses wohl fanatischsten Rauchgegners seiner Zeit gefordert haben.[18] Er war nicht der erste und sicherlich auch nicht der letzte psychopathische Rauchgegner!

Auch in Japan kommt es 1609 zu einem völligen Rauchverbot; ab 1612 kann das Eigentum jedes Tabakverkäufers zugunsten seines Denunzianten eingezogen werden. 1616 kommt zur Gefängnisstrafe noch eine Geldstrafe hinzu. Ähnliches gilt für China, wo das Rauchen sogar zeitweilig unter Todesstrafe gestellt wird.

Eine faszinierende Ausnahme bilden in Europa die Franzosen und Italiener, die auf Verbote und moralische Belehrungen von vorneherein verzichten und statt dessen den Tabakgenuß als Steuereinnahmequelle entdecken und durch Tabakmonopole und hohe Zölle die Kontrolle übernehmen. Richelieu rechtfertigt zwar 1629 die Einführung der Tabaksteuer mit ›gesundheitlichen Gründen‹, doch in Frankreich wie auch in Italien geht es der Obrigkeit um die höchst lukrative, zusätzliche Einnahmequelle.

Das ehrlichste Wort hierzu stammt wohl von Talleyrand, der einer Tabakgegnerin, die ihn auffordert endlich etwas gegen den Tabakkonsum zu unternehmen, antwortet: »Sie haben Recht, Madame, Rauchen und Schnupfen sind zwei Laster und ich werde mich gewiss dagegen einsetzen, sobald Sie mir zwei Tugenden nennen, die der Staatskasse 120 Millionen Francs einbringen.«[19]

Auch anderen Herrschern entgehen auf Dauer die fiskalischen Vorzüge des Rauchens nicht. Zugleich ist das Scheitern der drastischen Verbotspolitik unübersehbar. In der Folge haben bis zum Anfang des aufgehenden 18. Jahrhunderts fast alle Regierungen die Verbote gegen saftige Steuern ausgetauscht.

Nur in Preußen wie auch in zahlreichen deutschen Kleinstaaten bleiben die allgemeinen Rauchverbote zunächst bestehen und fallen erst mit der bürgerlichen Revolution von 1848.

Der deutsche Sonderweg

Im Zuge der Napoleonischen Kriege hatte sich im aufstrebenden Bürgertum Preußens die Zigarre verbreitet und war zum
Sinnbild liberaler Werte und zum Ideal der Gleichberechtigung
geworden. Aus Sicht des Staates hieß das: Unterwanderung der
Staatsgewalt und Volksverhetzung, nach Meinung der Obrigkeit
verwischte das Rauchen auf gefährliche Weise die soziale Rang-
ordnung. In der »Neuen Preußischen Kreuzzeitung«, dem Organ
der Reaktion, steht 1848: »Die Cigarre ist das Scepter der Unge-
niertheit. Mit der Cigarre im Munde sagt und wagt ein junges
Individuum ganz andere Dinge, als es ohne Cigarre sagen und
wagen würde.«[20] Wer in der Öffentlichkeit rauchte, galt daher
als verdächtiges Subjekt, vielleicht sogar als Aufrührer.

So bedeutet – mit großer Verzögerung – erst das Ende der
Restauration auch das Ende der Rauchverbote in Deutschland.
Eine der dringlichsten Forderungen der auf die Straße gezoge-
nen Berliner in den Märztagen der 1848er Revolution war das
Recht auf »freiet Roochen – ooch im Tiergarten!«[21]

Das Nachlassen der politischen Verfolgung ist auch als Folge
der zunehmenden Säkularisierung des Staates zu bewerten. Im
Zuge der demokratischen Umwälzungen treten die moralisch-
religiösen Argumente in den Hintergrund. Man kann es mit den
Worten Knut-Olaf Hausteins, einem der führenden Anti-Rau-
cher-Experten Deutschlands, aber auch genau andersherum
sehen: »Diese Verbreitung des Tabaks und sein Gebrauch als
Genußmittel führten u.a. auch zu einer Säkularisierung der
Gesellschaft.«[22] Origineller hätte man das nicht formulieren kön-

nen: Rauchen als Anstoß und Quelle für die moderne Demokratiebewegung.

Dennoch haftet bis zum heutigen Tag – oder besser: *heute wieder*! – der staatlichen Tabakpolitik eine zutiefst ambivalente Haltung an: Einerseits steht die gesundheitspolitische Reglementierung und Bevormundung auf der Tagesordnung – andererseits wird der Tabakkonsum als große fiskalische Einnahmequelle zur Überlebensgrundlage der Finanzhaushalte. Wahrscheinlich sind die gigantischen Steuereinnahmen, in Deutschland allein für das Jahr 2003 14,1 Mrd. Euro, als die letzten großen Verbündeten des Tabaks vor einem endgültigen Verbot anzusehen.

Die religiöse Anti-Raucher-Bewegung

So gibt es eine medizinische Geschichte des Rauchens, eine Kriegsgeschichte des Rauchens, eine Sozialgeschichte des Rauchens, eine Genußgeschichte des Rauchens und – last but not least – auch schon sehr früh die religiöse Verbotsgeschichte des Rauchens.

Von Anfang an steht die Geistlichkeit an vorderster Front, wenn es darum geht, die verderbliche Unsitte des »Tabakschmauchens« und »Tabaktrinkens« an den Pranger zu stellen. Vor allem das Rauchen in Gottesdiensten gibt Anlaß zu ersten Eingriffen. So heißt es bereits 1589 in einem Schreiben des Konzils in Mexiko:

> »Ob der Ehrfurcht, die der heiligen Eucharistie entgegenzubringen ist, wird vorgeschrieben, daß kein Geistlicher vor

dem Lesen der heiligen Messe und auch kein beliebiger anderer Mensch vor der heiligen Kommunion Tabak in Forme von Rauch oder in irgendeiner anderen Art und Weise zu sich nehme.«[23]

Einer der schärfsten Kritiker des Rauchens, der satirische Barockdichter Johann Michael Moscherosch, spricht in bezug auf den Tabak vom »Teufelskraut«, dem »höllischen Rauch, der die Leute toll und voll mache« und klagt:

»Als ich etliche Menschen sahe Tabak trinken, sprach der Herr zu mir Unwürdigen: Menschenkind! Siehest Du den Greuel der Verwüstung, welcher sich in der Menschen Herz verborgen gesetzt und sich als einen Gott anbeten läßt, durch das vielfältige, verdammte Tabaktrinken und Tabakschnupfen, daran sich bald alle Menschen durch den Betrug und List des Teufels gewöhnt haben, und diesen stinkenden Tabaksgott ohne Unterschied anbeten und verehren. Merkt es doch, liebwerthe Menschen, wie ihr als Tabaksbrüder und Tabaksschwestern alle vom Teufel betrogen seyd, ... so ziehet ihr durch dies Unkraut die Feueressenz in Euch hinein, und blaset den Rauch als Zeichen Eurer Verdammnis wieder zum Munde hinaus!«[24]

Moscherosch kommt daher zu dem Schluß, daß für »Tabakraucher« dieselben Strafen gelten müßten wie für »Sabbath-Schänder und Ehebrecher«![25]

Auch wenn es innerhalb der katholischen Kirche zu keiner einheitlichen Haltung gegenüber dem Rauchen kommt, so entstehen doch zahlreiche Bannschriften und Anti-Raucher-Predigten. Im Jahr 1642 erläßt Papst Urban VIII. unter Androhung der Exkommunikation eine Bulle über ein absolutes Rauch- und Schnupfverbot in den Kirchen des Erzbistums von Sevilla. Sein Nachfolger, Papst Innocenz X., läßt 1650 mit einer ähnlichen Bulle den Genuß von Tabak im Petersdom verbieten.[26] Ein generelles päpstliches Rauchverbot aber hat es wohl – trotz vieler gegenteiliger Behauptungen – nie gegeben. Obwohl das Rauchen während des 17. Jahrhunderts in der katholischen Kirche als Todsünde galt, war es vor allem auch unter den Priestern weit verbreitet. Ein häufig von ihnen vorgebrachtes Argument war, daß das Rauchen die fleischliche Lust mindere (was in gewisser Weise selbst noch die moderne Medizin behauptet).

Nach heftigen Protesten erlaubt der Vatikan im Jahr 1725 das Rauchen sogar wieder im Petersdom; natürlich nur vorübergehend, wie man heute weiß. Schließlich entdeckt auch der Vatikan die Tabaksteuer. Spätestens 1851 hat sich die Position der katholischen Kirchenführung vollends gewandelt. Jetzt droht der Vatikan den Verfassern von Schmähschriften gegen das Rauchen sogar offiziell Zuchthausstrafen an.[27]

Dennoch bleibt das Rauchen umstritten. In der Kurmark Brandenburg wettern die Geistlichen von der Kanzel gegen das »Teufelskraut«, der geistliche Schriftsteller Tesauro empört sich in seiner »moralischen Philosophie« über das »schamlose Schauspiel« wenn sich Menschen »Höllendampf (…) durch den Schlund aufsaugen«.[28]

Sehr viel drastischer gehen von Anfang an die protestantischen Tabakgegner gegen das Rauchen vor. So kommt es fast überall in den protestantisch geprägten Landstrichen der Schweiz zu strengen Rauchverboten. Die Stadt Zürich droht Rauchern 1667 mit Landesausweisung, Auspeitschung oder Brandwunden. Der Berner Stadtrat erweitert 1661 die zehn Gebote um die Forderung »Du sollst nicht rauchen«.[29]

Auch die protestantischen Norddeutschen Kleinstaaten führen harte Maßnahmen gegen das Rauchen ein. Öffentliche Auspeitschung und Gefängnis sind normale Raucherstrafen. In Lüneburg soll es 1691 sogar zur Androhung oder gar Vollstreckung eines Todesurteils wegen Rauchens gekommen sein. Im puritanischen Neuengland (1630 in Massachusetts und 1647 in Connecticut) werden strenge Gesetze erlassen, die den Verkauf von Tabak und das Rauchen in der Öffentlichkeit verbieten.[30]

Mit politischen Motiven allein läßt sich das drastische Vorgehen gegen die Raucher kaum erklären. Die Hauptsorge der Rauchgegner lag in der Bedrohung der göttlichen Ordnung, der Verführung durch den Teufel, dem Abkommen vom rechten Lebenswandel.

Interessant ist, daß die religiösen Eiferer bereits im 17. Jahrhundert ohne jede Umschweife nicht nur die medizinische Heilkraft des Tabaks in Abrede stellen, sondern sogar, wie auch der Jesuitenpater und Münchner Hofprediger Jakob Balde (1603–1668) in seinen Predigten, von seiner tödlichen Wirkung überzeugt sind: »Was ist zwischen diesen [den Rauchern] und den Selbstmördern für ein anderer Unterschied, als dass diese geschwinder, jene aber sich etwas langsamer ums Leben bringen?«[31]

Man muß ihm zugute halten: guter Instinkt! Man kann aber auch fragen: Woher wußte er das? – Er wußte es natürlich nicht.

Immer wieder gab es aber auch schon ästhetische Gründe, die insbesondere beim weiblichen Geschlecht zu außerordentlich erregten Reaktionen gegen das Rauchen geführt haben. So wettert Liselotte von der Pfalz, Gattin von Philipp von Orléans, bereits im frühen 18. Jahrhundert gegen den Tabak:

»Nichts in der Welt ekelt mich mehr als der Schnupftabak; er macht hässliche Nasen, durch die Nase reden und abscheulich stinken. Ich habe Leute hier gesehen, die den süßesten Atem der Welt gehabt haben, und nachdem sie sich dem Tabak ergeben, sind sie in sechs Monden stinkend geworden wie die Böcke.«[32]

Und einige Jahrzehnte später mokiert sich Madame de Staël in ähnlichem Tonfall: »Wer Tabak raucht, riecht wie ein Schwein, wer Tabak schnupft, sieht aus wie ein Schwein, wer Tabak kaut, ist ein Schwein.«[33]

Mit dem Ende der revolutionären Umwälzungen (und dem Anbruch der Moderne) kommt es ab Mitte des 19. Jahrhunderts zu einem deutlichen Rückgang der raucherfeindlichen Maßnahmen. Während die Medizin allmählich von ihrer Begeisterung für den Tabak Abstand nimmt, bleiben die Raucher – bis auf weiteres – von weiteren Angriffen verschont. Es folgen die sogenannten ›100 goldenen Jahre‹ für Raucher: Bis zum Beginn des 20. Jahrhunderts erobert die Zigarette den gesamten europäischen Kontinent, und mit den beiden Weltkriegen schließlich die ganze Welt.

Diese Blütezeit des Tabaks wurde allerdings von zwei bemerkenswerten Ausnahmen unterbrochen:

1. So kommt es in Amerika durch die von protestantischen Frauenverbänden wie der »Anti-Cigarette-League« angeführte Anti-Raucher-Kampagne zwischen 1895 und 1921 in 14 Bundesstaaten vorübergehend zum Verbot des Rauchens und des Verkaufs von Tabak. Mit dem Scheitern der Prohibition und in Folge des Ersten Weltkrieges werden die Verbote nach und nach wieder abgeschafft.

2. Auch unter Hitler und den Nazis kommt es zu einer regressiven Tabak-Politik. Bereits 1929 hatte der Arzt Fritz Linckint einen möglichen Zusammenhang zwischen Tabakrauch und Lungenkrebs vermutet. 1939 veröffentlichte er in Verbindung mit dem Volksgesundheitsdienst und dem Bund Deutscher Tabakgegner ein 1 000 Seiten umfassendes Werk »Tabak und Organismus«, in dem auch historisch zum ersten Mal der Ausdruck des »Passivrauchens« verwendet wird, der also gleichsam eine Erfindung der Nazis ist.

Im selben Jahr gelingt es dem jungen Kölner Mediziner Franz Hermann Müller, NSDAP-Mitglied und Arzt am Bürgerhospital in Köln, anhand einer detaillierten pathologischen Fallstudie einen kausalen Zusammenhang zwischen Rauchen und Lungenkrebs nachzuweisen.

Hitler, selbst ehemals starker Raucher, war begeistert und unterstützt 1941 mit 100 000 Reichsmark aus der Kasse der Reichskanzlei die Gründung des ›Instituts zur Erforschung der Tabakgefahren‹ in Jena. Dort gelingt es Eberhard Schairer und Erich Schöninger, die Ergebnisse Müllers auch nach heute noch gültigen wissenschaftlichen Standards zu bestätigen.[34]

Das Erziehungsministerium und Reichsgesundheitsamt werden aktiv. Die Nazis führen das Nichtraucherabteil bei der Deutschen Reichsbahn ein, erlassen rauchfreie Zonen in Postämtern und Parteibüros und verfügen massive Einschränkungen in der Tabakwerbung: Bilder mit erotischen Anspielungen sowie Sportler und Frauen dürfen in der Werbung fortan nicht mehr erscheinen. Parallel dazu erfolgt eine aggressive Aufklärungskampagne mit öffentlichen Vorlesungen, Plakaten und eigenen Zeitschriften wie »Reine Luft« und »Auf der Wacht«.[35]

Trotz allem aber steigt aufgrund des einsetzenden Krieges der Anteil der männlichen Raucher. Es soll sogar zu Uneinigkeiten zwischen Göbbels und Hitler in der Tabakfrage gekommen sein; aber am Ende läßt sich Hitler dazu überreden, mit Rücksicht auf die nach Tabak verlangenden Soldaten im Feld die endgültige Abschaffung des Rauchens auf das Kriegsende zu verschieben.

Für die Frauen, die in erster Linie für die ›Reproduktion‹ zuständig waren, konnte das natürlich nicht gelten. Noch 1944 prägt Hitler seine berühmte Parole: »Die deutsche Frau raucht nicht.«[36]

Zu einer weltweiten ›Blütezeit‹ des Tabaks kommt es in den Jahren nach dem Zweiten Weltkrieg. In Deutschland wird die Zigarette sogar vorübergehend zur offiziell-inoffiziellen Währung: 6 Reichsmark für eine »Ami«, wie die millionenfach nach Deutschland exportierten und geschmuggelten Zigaretten im Volksmund heißen. Auf den Schwarzmärkten wird zu festen Raten ein reger Tauschhandel getrieben: 50 kg Kohle = 14 Zigaretten, ein Paar Seidenstrümpfe = 48, ein Pfund Fleisch = 60, ein Kilo Kaffee = 160.[37]

Die Polizei ging zwar rigoros gegen den Schwarzhandel vor, aber selbst harte Strafen und die weit verbreitete Not konnten dem Verlangen der Menschen nach Tabak nicht Einhalt gebieten: Einem Zeitungsbericht zufolge wurde eine Frau wegen des Kaufs von vier Zigaretten zu zwei Wochen Gefängnis verurteilt; wer als Schieber überführt wurde, mußte mit Zwangsarbeit rechnen.[38] Unterernährte Lagerhäftlinge wurden dabei beobachtet, wie sie ihre dürftigen Nahrungsrationen gegen Tabak eintauschten.[39] Vielerorts zeigte man aber auch Verständnis für die Nöte und Bedürfnisse der Bevölkerung:

»Als der Alliierte Kontrollrat im Frühling 1946 die Tabaksteuer erhöhte, fürchtete das Zentralamt für Wirtschaft in der britischen Zone um die ›Arbeitsfreudigkeit der werktätigen Bevölkerung‹. Auch das ›Handelsblatt‹ wies in seiner Ausgabe vom 6. Mai 1946 auf die ›arbeitsphysiologische Bedeutung‹ des Tabaks hin und erklärte ihn zu einem Arzneimittel. Paul Schmidt, Regierungsrat im hessischen Finanzministerium, bezeichnete ihn im Februar 1947, also auf dem

Höhepunkt der Winterkrise 1946/47, als den ›letzten Trost‹, welcher der minderbemittelten und in Not befindlichen Bevölkerung geblieben sei.«[40]

Nach der Währungsreform gab es plötzlich Waren und auch viel mehr Zigaretten, dafür war das Geld knapp. Auf dem freien Markt kostete eine Zigarette 10 Pfennig – allerdings mit einem Steueranteil von 70%, weshalb die etablierten Schieber weiter im Geschäft blieben und die große Nachfrage bedienten. »So gab es einen Schwarzmarkt für Zigaretten noch bis in die 50er Jahre. Erst dann machte der Wohlstand des Wirtschaftswunders die damit verbundenen Risiken nicht mehr lohnenswert.«[41]

Bis in die 60er Jahre hinein herrscht allerorten eine nahezu uneingeschränkte Raucherlaubnis: im öffentlichen und privaten Lebensraum, in Filmen und im Fernsehen.

Dann kommt es im Januar 1964 mit dem berühmt-berüchtigten »Terry-Report« zur Veröffentlichung des ersten medizinisch-wissenschaftlichen Nachweises über die Schädlichkeit des Rauchens: der vorläufig letzte große Wendepunkt einer 450jährigen, äußerst wechselhaften und zum Teil äußerst brutal geführten Auseinandersetzung um das Rauchen. Der Fanfarenstoß für die moderne Anti-Raucher-Kampagne mit einer seitdem stetig ansteigenden Welle von Verboten, Sanktionen und Einschränkungen.

Kleine Chronik der Verbotsmaßnahmen:

1966   Erste Warnungen auf den Packungen in den USA.

1971   United Airlines führt als erste Fluggesellschaft Raucher- und Nichtraucher-Zonen ein. Der Marlborough-Man flimmert zum letzten Mal über die amerikanischen Fernseh-Bildschirme.

1974   Werbeverbot in Radio und Fernsehen in Deutschland.

1979   Pfeifen- und Zigarren-Rauchen wird von den meisten amerikanischen Fluggesellschaften verboten.

1982   Warnaufschriften »Rauchen gefährdet die Gesundheit« werden in Deutschland eingeführt.

1984   Verschärfung der Aufschriften in den USA

1988   In New York muß mindestens die Hälfte aller Plätze in Restaurants, Büros, Ämtern für Nichtraucher reserviert werden.

Auf US-Inlandsflügen, die nicht mehr als 2 Stunden dauern, wird das Rauchen untersagt.

1990   Auf allen US-Inlandsflügen und den Greyhound-Bussen wird das Rauchen verboten.

1993   Als erster Staat verbietet Vermont das Rauchen offiziell an allen Arbeitsplätzen (Ausnahme Bars und Kneipen).

Los Angeles verbietet das Rauchen in allen Restaurants, Amtrak verbietet das Rauchen in den meisten Zügen.

1996   Einführung der Rauchverbote auf allen innerdeutschen Flügen der Lufthansa.

2003   Seit Oktober die verschärften Aufschriften der EU in Form von ›Todesanzeigen‹.

2004   Die Anti-Rauch-Welle erreicht endgültig Europa: Weitreichende Rauchverbote in Restaurants, Bars und Kneipen in Irland und Norwegen.

2005   Umfangreiche Rauchverbote auch in Italien und Schweden. In Deutschland: »Freiwillige Vereinbarung« zur Einführung von Nichtraucherzonen in Hotels und Speiselokalen zwischen der Bundesregierung und dem Deutschen Hotel- und Gaststättenverband.

Die »Rahmenkonvention zur Tabakkontrolle« der Weltgesundheitsorganisation, die unter anderem Steuererhöhungen und das Verbot von Tabakwerbung mit einschließt, tritt in Kraft.

1 Ruediger Dahlke: Die Psychologie des blauen Dunstes. München 2000, S. 39
2 Ebd. S. 36 f.
3 Henner Hess: Rauchen: Geschichte, Geschäfte, Gefahren. Frankfurt a. M. 1987, S. 10
4 Ebd. S. 10
5 Ebd. S. 16
6 Ebd. S. 17
7 Ruediger Dahlke: Die Psychologie des blauen Dunstes, S. 38
8 Ebd.
9 Ebd. S. 116
10 Ebd. S. 41 f.
11 Ebd. S. 92
12 Martina Christine Enke: Über die Bedeutung des Tabaks in der europäischen Geschichte vom 16. bis ins 20. Jahrhundert. Berlin 1998, S. 163, 78, 81, 96, 153
13 Detlef Bluhm: Wenn man im Himmel nicht rauchen darf, gehe ich nicht hin. Berlin 2000, S. 24

14 Jacob Sullum: For Your Own Good. New York 1998, S. 34 f.

15 Ruediger Dahlke: Die Psychologie des blauen Dunstes, S. 46 f.

16 »Is it not the greatest sinne of all, that you the people of all sortes of this Kingdome, who are created and ordeined by God to bestowe both your persons and goods for the maintenance both of the honour and safetie of your King and Commonwealth, should disable your selves in both?« In: Jacob Sullum: For Your Own Good, S. 18

17 Egon Caesar Conte Corti: Die trockene Trunkenheit, S. 82

18 Georg Böse: Und es wird doch geraucht. Köln 1965, S. 57

19 Detlef Bluhm: Wenn man im Himmel nicht rauchen darf, gehe ich nicht hin, S. 94

20 Ebd. S. 152

21 Mark W. Rien und Gustav Nils Dorén: Das Neue Tobagobuch. Hamburg 1985, S. 46

22 Knut-Olaf Haustein: Tabakabhängigkeit. Köln 2001, S. 29

23 Georg Böse: Und es wird doch geraucht, S. 53

24 Martina Christine Enke: Über die Bedeutung des Tabaks in der europäischen Geschichte vom 16. bis ins 20. Jahrhundert, S. 112 f.

25 Ebd. S. 115

26 Ebd. S. 120

27 Ruediger Dahlke: Die Psychologie des blauen Dunstes, S. 44

28 Georg Böse: Und es wird doch geraucht, S. 55

29 Mark W. Rien und Gustav Nils Dorén: Das Neue Tobagobuch. S. 46

30 Jacob Sullum: For Your Own Good, S. 19

31 Martina Christine Enke: Über die Bedeutung des Tabaks in der europäischen Geschichte vom 16. bis ins 20. Jahrhundert, S. 116

32 Edgar Caesar Conte Corti: Die trockene Trunkenheit. Leipzig 1930, S. 198

33 Detlef Bluhm: Wenn man im Himmel nicht rauchen darf, gehe ich nicht hin, S. 101

34 »Weltklasseforschung«. Der amerikanische Wissenschaftshistoriker Robert N. Proctor im Gespräch mit Stefan Löffler. Heureka! Februar 1998.

35 »Blitzkrieg gegen den Krebs«. Oliver Hochadel im Gespräch mit dem amerikanischen Medizinhistoriker Robert N. Proctor. http://freitag.de/2002/13/02131702.php

36 Henner Hess u. a.: Kontrolliertes Rauchen, S. 88. Auch in: »Weltklasseforschung«. Der amerikanische Wissenschaftshistoriker Robert N. Proctor im Gespräch mit Stefan Löffler. Heureka! Februar 1998.

37 Detlef Bluhm: Wenn man im Himmel nicht rauchen darf, gehe ich nicht hin, S. 173. – Henner Hess u. a.: Kontrolliertes Rauchen, S. 92

38 Henner Hess, Birgitta Kolte und Henning Schmidt-Semisch: Kontrolliertes Rauchen, Freiburg i. B. 2004, S. 93

39 Christoph Maria Merki: Die amerikanische Zigarette – das Maß aller Dinge. Rauchen in Deutschland zur Zeit der Zigarettenwährung (1945 bis 1948). In: Thomas Hengartner und Christoph Maria Merki (Hg.): Tabakfragen. Zürich 1996, S. 71

40 Ebd. S. 70

41 Henner Hess u. a.: Kontrolliertes Rauchen, S. 94

Sterben verboten

»Ich rauche, trinke schwarzen Kaffee, schlafe zuwenig, mache zuwenig Bewegung und bin auf diese Weise 70 Jahre alt geworden. Vielleicht wäre ich bei gesünderer Lebensführung heute schon 75 oder 80, aber das läßt sich schwer feststellen.«

Friedrich Torberg[1]

Ohne Zweifel lebt der moderne Raucher in schwierigen und gefährlichen Zeiten. Zwar wird ihm nicht mehr wie früher in Rußland oder Japan zur Strafe die Nase abgeschnitten oder die Lippe aufgetrennt. Heutzutage droht ihm das moderne Gesundheitssystem viel härtere Strafen an: Krebs, Schlaganfall, Herzinfarkt.

Zumindest ist dies der Kern der modernen medizinischen Abschreckungsstrategie: Auf Rauchen steht die Todesstrafe!

Nicht ohne ein gewisses Risiko

Natürlich wird sich da ein Raucher seine Gedanken machen und sich unweigerlich mit der *Gretchenfrage* des Lebens und Sterbens beschäftigen: Wie lange habe ich eigentlich auf diesem Planeten? Wie alt kann ich werden? Wie alt *will* ich werden? – Oder auch: Wie alt *muß* ich werden?

Hier werden Grundfragen der Lebensführung berührt: Inwieweit kann, soll oder muß ich meine Lebensgestaltung so ausrichten, daß ich ein möglichst hohes Alter erreiche? Was sind die Kriterien? Was sind die Konsequenzen für mein Leben, für Ernährung, Berufswahl, Hobbys, Reisen? Was ist der ›Kosten-Nutzen-Faktor‹ in Hinblick auf ›Länge versus Qualität‹? Schließlich auch: Inwieweit mache ich das Ziel eines hohen Alters überhaupt zum Maßstab meiner Lebensführung? Vor allem auch – *mit welchen Sicherheiten*?

Für den Raucher gilt, daß er, rein theoretisch, mit einer 5–7 Jahre kürzeren Lebenserwartung zu rechnen hat; es können mehr sein, es können weniger sein – und zugleich stellt sich die Frage: 5–7 Jahre weniger *wovon?* Was die individuelle Lebenserwartung betrifft, kann die Statistik nämlich kaum eine verläßliche Antwort geben.

Die Statistik gibt auch immer nur Auskunft über die *Länge* des Lebens, sie sagt nichts über die Qualität, den Inhalt, den Sinn oder die Freuden des Lebens. Für die Beurteilung des Lebens ist die Statistik deshalb kein besonders geeigneter Ratgeber.

In diesem Zusammenhang wird uns noch häufiger der seltsame Begriff des ›Sterberisikos‹ begegnen, der bei Rauchern für Lungenkrebs beispielsweise bei 22,4 angesetzt ist. Aber was heißt das genau? Ein 22fach erhöhtes Sterberisiko im Vergleich zu was? Und innerhalb welchen Zeitraums? Heute? Morgen? In 30 Jahren? Man muß jedenfalls einkalkulieren, daß das Risiko, *irgendwann* zu sterben, immer 100 % ist und dementsprechend, je älter ich werde, das Sterberisiko stetig ansteigt. Es hat eben auch etwas mit Zeit zu tun.

Der statistische Basiswert in der Sterberisiko-Statistik wird dabei grundsätzlich mit 1 beziffert, wobei auch das nur eine rein hypothetische Zahl ist und der Wert, je nachdem ob man gerade Auto fährt, japanischen Fisch ißt oder nachts im Bett liegt, fortwährend schwankt.

Zugleich gibt es nichts, was die Statistik nicht berechnen könnte. Das Risiko, dieses Jahr zu sterben, beträgt beispielsweise 1 : 119 (= 0,00840), das Risiko, in einer Feuersbrunst zu sterben, 1 : 100 000 (= 0,00001), durch einen Blitz 1 : 9 100, durch einen Sturz 1 : 200 000, durch einen Hai 1 : 1 000 000.[2]

Kurzum, es gibt eigentlich keine Lebensaktivität, die nicht mit einem Risikofaktor belegt werden kann. – Was die Tabak-Gegner mit ihren Raucher-Statistiken systematisch ignorieren: aus Sicht des Sterberisiko-Denkens wird das Leben *an und für sich* zu einem einzigen Risiko. Und still und heimlich erscheint das Leben nur noch als Phänomen, das ein konstantes Todesrisiko beinhaltet. Am Ende dieses unsäglich gefährlichen Unternehmens lauert der große Schatten des Todes, der vor allem die Raucher fest ins Visier genommen hat.

Zugleich unterschlagen die ›Anti-Raucher-Apostel‹, daß selbst bei tadelloser Lebensführung das Leben unaufhaltsam zu Abnutzung und Verschleiß führt. Vor allem verschweigen sie konsequent die Schattenseiten ihrer großen Verheißung: die zum Teil zweifelhaften Freuden eines hohen Alters; die oftmals trostlosen Zustände und die grausame Leere im Leben alter Menschen, die einsam und gebrechlich ihre abschließenden Jahre im Pflegeheim fristen.

Dahinter verbirgt sich ein bemerkenswerter Widerspruch

des modernen Menschen. Denn auch wenn jeder Mensch naturgemäß den Wunsch nach einem langen Leben hegt – genauso trifft auf ihn wohl die Feststellung zu: »... jeder will alt werden, aber niemand will alt sein«.[3]

Hier muß man unweigerlich an die Geschichte vom alten chinesischen Teehändler aus Yunnan denken, der einem vorbeiziehenden Mönch die wundersamen Heilkräfte seiner Teemischung anpreist: »Trinke davon täglich eine Kanne – und du wirst mit Sicherheit ein hohes Alter erlangen!« Worauf der Mönch entsetzt entgegnet: »Oje, wie unangenehm!« Und rasch davoneilt ...

Das Erstaunliche ist, daß trotz der allgemein grassierenden Todespanik und Gesundheitshysterie in den westlichen Industrienationen heutzutage Altersrekorde erzielt werden, die im historischen Vergleich astronomische Ausmaße annehmen. Denn über die längste Zeit der Menschheitsgeschichte lag die durchschnittliche Lebenserwartung bei höchstens 30 Jahren, im 14./15. Jahrhundert lag sie bei 29, noch im Jahre 1900 wurden die Menschen im Durchschnitt nicht älter als 47 Jahre alt.

So hat das letzte Jahrhundert eine gigantische Revolution der allgemeinen Lebenserwartung hervorgebracht. Mit Blick aufs Rauchen und die ihm unterstellten *Langzeitwirkungen* bleibt festzustellen: abgesehen von den letzten 100 Jahren wurden die Menschen im Durchschnitt einfach nicht alt genug, als daß sie an den Folgen des Rauchens hätten sterben können. Das Leben war, rein medizinisch betrachtet, viel zu krankheitsanfällig, ungesund, tödlich, so daß schon allein deshalb das Rauchen als Problem gar nicht hatte auftreten können. Daß wir uns mit den Gesundheitsproblemen des Rauchens beschäftigen, verdanken wir nicht zuletzt der modernen Medizin selbst!

Doch nicht nur das allgemeine Lebensalter hat sich dramatisch gewandelt, sondern auch die demoskopische Zusammensetzung der häufigsten Krankheitsformen. So spielen durch die rasanten Fortschritte in den Wissenschaften die klassischen Infektionskrankheiten (Tuberkulose, Pocken, Masern etc.) in den westlichen Ländern heute kaum noch eine Rolle. Demgegenüber machen die Krebs- und Herz-Kreislauf-Erkrankungen – die Krankheiten, die auch dem Rauchen angelastet werden – heute etwa 75% aller Sterbefälle aus; und der Grund dafür ist offenkundig nicht das Rauchen!

Wenn man vom Rauchen als einer künstlichen und selbstverursachten Lebensverkürzung spricht, dann kann man nur sagen: ›naturgegeben‹ sind die Altersrekorde der modernen Medizin auch nicht. Mehr noch: die Medizin selbst produziert die Gründe, aufgrund derer sie das Rauchen verbieten will, und vielleicht sogar muß. Auch die heute so große Verbreitung von Krebs ist keine *natürliche* Geißel des Schicksals, auch sie ist ein unmittelbares Nebenprodukt der modernen Medizin *selbst*.

Es wird deutlich, daß zwischen dem Rauchen und der modernen Medizin eine komplizierte Schicksalsbeziehung besteht – voller Konflikte und Widersprüche, vor allem aber auch gegenseitiger Abhängigkeit. Einerseits muß der Medizin in ihrem rastlosen Kampf gegen Krankheit und Sterben das Rauchen als unerträgliche Provokation und Sabotageakt erscheinen. Andererseits ist die Medizin, indem sie kontinuierlich Krankheiten zurückdrängt und die Altersgrenze nach oben verschiebt, *selbst* maßgeblich an der Hervorbringung dieser neuen Krankheitsformen beteiligt. Zuweilen drängt sich sogar der Verdacht auf, daß angesichts der vielen noch ungelösten medizinischen Fragen und unheilbaren Krankheiten dem Gesundheitswesen das Rauchen als Sündenbock durchaus gelegen kommt.

Angesichts des unaufhaltsamen medizinischen Fortschritts stellt sich zudem die Frage, ob das moderne Gesundheitswesen nicht allmählich in einen Gesundheits- und Überlebenswahn hinübergleitet, der mit einem würdevollen und sinnreichen Leben immer weniger zu tun hat. Es stellt sich – kurzum – die Frage, ob das Rauchen aus zuletzt menschenunwürdigen Gründen bekämpft wird.

Gesundheitswahn

Wohl niemals zuvor hat die Gesundheit im Bewußtsein der Menschen und im öffentlichen Leben eine so dominante Rolle gespielt wie in der heutigen Zeit. Nie zuvor wurde so ein gewaltiger medizinischer Aufwand betrieben, nie zuvor standen so viele technische und therapeutische Möglichkeiten zur Verfügung, nie zuvor wurde soviel Geld in Gesundheit investiert und auch mit ihr verdient – nie zuvor wurde so viel über Gesundheit nachgedacht, gejammert und geredet. Wahrscheinlich aber hat man sich auch noch nie so krank oder von Krankheiten bedroht gefühlt.

›Bleib gesund!‹ – ›Vor allem: Gesundheit!‹ – ›Hauptsache gesund!‹ Die Gesundheit ist im Leben der modernen Menschen zum kategorischen Imperativ der Lebensgestaltung geworden.

Bis zu einem gewissen Grad ist das genauso nachvollziehbar wie der Wunsch nach einem langen Leben. Gesundheit ist ein hohes Gut. Sie ist ein wesentlicher Aspekt des menschlichen Wohlbefindens und in vielerlei Hinsicht eine Voraussetzung für ein glückliches und produktives Leben. Nur haben leider die ›Segnungen‹ der modernen Medizin keineswegs glücklichere oder fröhlichere Menschen hervorgebracht. Eher das Gegenteil scheint der Fall zu sein. Denn offenkundig gilt: Wenn Gesundheit zum Selbstzweck wird, verfehlt sie ihre eigentliche Bedeutung und droht umzuschlagen in eine Gesundheitsbesessenheit, eine Paranoia – in einen Gesundheitswahn. So ist angesichts der explodierenden Kosten im Gesundheitssystem und einer stetig ansteigenden Flut von Publikationen, Medienbeiträgen, medizinischen Ratgebern und Vorsorgebroschüren die Medizinisierung des Lebens mittlerweile ein allgegenwärtiges Phänomen.

Das macht verständlich, warum der Raucher mit seinem ›Laster‹ auf soviel Ablehnung stoßen muß. Trotzig und stur widersetzt er sich den Mahnungen, ignoriert die Todesandrohungen und begeht mit seiner abschätzigen und uneinsichtigen Haltung gegenüber den ›heiligen Geboten‹ des Gesundheitswesens den absoluten Sündenfall: er nimmt offenbar seine Gesundheit nicht ernst. Und das in einer Zeit, in der die Anstrengungen der Medizin um die Gesundheit immer verbissener vorangetrieben werden.

Vor allem die Bekämpfung der ›übrig gebliebenen‹ Alterskrankheiten (Herzkreislauf und Krebs) wird technisch und diagnostisch immer aufwendiger und schwieriger. Und während Heerscharen von Forschern mit Hilfe gigantischer Forschungssummen verzweifelt nach Heilmethoden suchen, zünden sich Millionen von Rauchern fröhlich eine Zigarette nach der anderen an. Daß hier Mißmut aufkommt, ist klar.

Aber mit welchem Recht? Das Bild vom ›skrupellosen Raucher‹, der die selbstlosen Anstrengungen der Medizin unterwandert, darf man getrost ins Reich der Fabel verweisen. Viel sinnvoller erscheint es, die Auseinandersetzung um das Rauchen als eine Form von ›Kulturkrieg‹ zu beschreiben. Und dabei geht es um fundamentale Fragen: Wer hat die Herrschaft über das Leben? Wer bestimmt die Regeln? Wer gebietet über unsere Lebens- und Konsumgewohnheiten? Wer entscheidet über die Trennlinie zwischen Gesundheit und Krankheit? Das freie Individuum – respektive der Raucher – mit seinen Fehlern und Lastern oder das Gesundheitswesen mit seiner allmächtigen Gesundheitsdoktrin?

Was uns stutzig machen sollte: trotz ihrer beachtlichen Erfolge benötigen wir nicht weniger Medizin, verringert sich auch nicht die Zahl der Krankheiten. Im Gegenteil, mittlerweile ist die Medizin mit all ihren angrenzenden Bereichen zu einer gigantischen Industrie mit gigantischen Umsätzen herangewachsen. Ständig werden neue Verfahren entwickelt, neue medizinische Zweige wie beispielsweise die Palliativmedizin eröffnet und sogar neue Krankheiten erfunden. Durch künstlich verschärfte Grenzwerte für Blutdruck, Knochendichte oder Cholesterin werden große Teile der Bevölkerung zu behandlungsbedürftigen Risikopatienten erklärt. Zugleich bringt die moderne Medizin, wie der Arzt und Autor Klaus Dörner ausführt, völlig neue ›Seinsformen‹ hervor: die Organtransplantierten, die Dialysepatienten, die Hirntoten, die Menschen im Wachkoma, die Altersdementen, die stetig anwachsende Gruppe der »chronisch Kranken«; Menschen, die als »weder gesund noch tot« zu bezeichnen sind.[4]

Und schließlich wird im hohen Alter – und das ist vielleicht die kurioseste Erkenntnis – *das hohe Alter selbst* in Form von Altersschwäche zum Hauptsymptom, zur Haupterkrankungsursache.

Hier geht es schon lange nicht mehr allein um Gesundheit, sondern um längst automatisierte Prozesse, die zu einer reproduktiven Selbstvermehrung der Medizin führen: durch krampfhaft am Leben gehaltene Alterspatienten schafft sich die Medizin ihre Arbeit mittlerweile selbst. Man wird sich jedenfalls keine Sorgen machen müssen: wenn das Rauchen endgültig abgeschafft worden ist, wird die Medizin neue Gegner finden. Das ist so sicher wie das Amen in der Kirche.

Nicht, daß man das alles allein der Medizin zum Vorwurf machen sollte. Sie erfüllt die hohen Erwartungen und Ansprüche, die die Menschen an sie richten. Aber das Phänomen ist interessant, weil auch hier eine merkwürdige Parallele und bizarre Verwandtschaft der modernen Medizin zum Rauchen verborgen liegt. Rauchen wie Medizin vermögen dem Menschen im Verlauf seines Lebens Erleichterung und Abhilfe zu verschaffen, beide mit zum Teil äußerst riskanten Mitteln, beide fordern aber auch auf ihre Weise ihren Preis.

Ein besonders eigentümlicher Aspekt dieser medizinischen Revolution besteht darin, daß die Auseinandersetzung mit Gesundheit und Krankheit eine völlig neue Wendung erhält. Nach ›Abschaffung‹ der klassischen Infektionskrankheiten lautet eine der Schlüsselfragen des modernen Gesundheitswesens: Wie eigentlich kann man sich Krankheiten zuziehen, die man nicht durch Ansteckung ›kriegt‹? Damit gemeint sind vor allem Herz-Kreislauf-Erkrankungen und Krebs.

Die Antwort führt unweigerlich zu einem der ältesten Erklärungsmuster der Medizin: maßgeblich verantwortlich für die Entstehung bzw. Vermeidung von Krankheiten ist vor allem *das menschliche Verhalten selbst*. Nachdem die moderne Medizin die meisten ihrer klassischen Gegner unschädlich gemacht hat, ist – abgesehen von genetischen Ursachen und auch Umwelteinflüssen – im Prinzip nur *ein* Gegner übriggeblieben: *unsere Lebensführung*.

Und es ist nicht weit zu der Schlußfolgerung: unser persönliches Verhalten als Individuum macht krank, *ist* die Krankheit – und muß dementsprechend auch konsequent ins Fadenkreuz genommen werden. Die moderne Medizin hat jedenfalls schon längst als häufigste Todesursache des modernen Menschen den *Menschen selbst* ausgemacht.

So weisen die Gesundheitsbehörden unaufhörlich darauf hin, daß die Menschen sich schlecht und unzureichend ernähren, zu viel essen, zu wenig essen, zu fettreich essen, zu unausgewogen essen, zu unregelmäßig essen, zu wenig oder zu viel Sport treiben, sich nicht genug bewegen oder falsch bewegen, täglich zu wenig trinken, dafür aber zuviel Alkohol zu sich nehmen, zu wenig, zu viel oder falsch schlafen, zu viel in schlechter Haltung sitzen, zu oft duschen, sich nicht gründlich genug die Zähne putzen, zu viel arbeiten, zu viel Streß haben, häufig abgespannt sind, im Haushalt unvorsichtig sind, zu schnell Auto fahren, zu viel Fernsehen gucken, zu viel mit dem Handy telefonieren, sich zu wenig um ihre Psyche kümmern, zu häufig zum Arzt gehen, aber zu selten zu Vorsorge-Untersuchungen – und eben auch rauchen. Es ist wohl kaum übertrieben, wenn man sagt, daß wir in einer Zeit des gesundheitlichen Beratungsterrors leben.

Unterdessen produziert die moderne medizinische Forschung bei ihrer rastlosen Suche nach möglichen Erkrankungsrisiken täglich neue Schreckensmeldungen. Es vergeht kein Tag, an dem nicht eine neue gefährliche Substanz oder ein neues Gesundheitsrisiko entdeckt wird. Vom medizinischen Standpunkt aus ist die Welt voll heimtückischer Gefahren, Gifte, Substanzen, Risiken – und last, but not least: Gewohnheiten. Würde man das alles ernst nehmen, könnte man keine ruhige Minute mehr verbringen: nicht zu Hause zwischen den gestrichenen Tapeten, geleimten Schränken, dünstenden Teppichböden; zwischen Putzmitteln, Mikrowelle und Computer; nicht auf der

Straße zwischen Autoabgasen und Starkstrommasten, geschweige denn beim Essen oder Trinken.

Es wird ein Punkt erreicht, an dem eine Mahlzeit nur noch am Rande als Mahlzeit anzusehen ist; in Wahrheit muß sie als ein medizinisches Wirkstoffpräparat mit entweder wichtigen Versorgungssubstanzen oder bedenklichen Nebenwirkungen betrachtet werden.

Achtung Vorsorge

Nehmen wir als Beispiel aus jüngster Zeit eine Meldung im Radio: »Apfelsaft schützt vor Darmkrebs!«[5]

Das ist auf den ersten Blick eine harmlose, vielleicht sogar interessante Aussage. Bei näherem Hinsehen wird deutlich, daß sich dahinter ein recht absurdes medizinisches Denkmuster verbirgt. Unvoreingenommen betrachtet ist Apfelsaft ein nach Apfel schmeckendes und besonders bei Kindern sehr beliebtes Fruchtsaftgetränk. Mit den Augen der medizinischen Forschung aber wird daraus ein therapeutisches Präventivmittel. Wobei der gesundheitliche Aspekt von Nahrung an sich noch nichts Ungewöhnliches ist: Milch ist gut für die Knochenbildung, frisches Obst liefert wichtige Vitamine. Zugleich aber wird deutlich, daß neben der Sättigung und der geschmacklichen Komponente die ›Medizinisierung‹ von Nahrung in den Vordergrund rückt. *Wie* Brokkoli schmeckt, ist zweitrangig, wichtig ist, daß er aufgrund seines hohen Vitamin-C-Gehalts gesund ist (während man gleichzeitig die Nitrat-Werte im Auge behalten sollte). Die Botschaft bleibt nicht verborgen: Was man ißt und was man nicht ißt, hat vielfältige medizinische Konsequenzen.

Die ›Umwidmung‹ des Apfelsafts zum Präventivmittel gegen Darmkrebs wirft zugleich die Frage auf: *Welchen* Darmkrebs eigentlich? *Jenen* Darmkrebs, den man hoffentlich nicht hat, an den man kurz zuvor noch nicht einmal einen Gedanken verschwendet hat, den man aber *jederzeit* kriegen kann! Vor allem dann, wenn man keinen Apfelsaft trinkt. Aus einem Glas Apfelsaft wird ein chemotherapeutisches Prophylaktikum.

Das Leben als ein ständiger Gefahrenherd für Erkrankungen; als ständige Vorbeugemaßnahme gegen mögliche Erkrankungen; und schließlich auch als ständige Beschäftigung mit möglichen Erkrankungen. So ist unter der Obhut der Medizin das Leben zwar irgendwie ›gesünder‹, zugleich aber auch immer riskanter und gefährlicher geworden, die ›Gefahrenpsychose‹ ist unser ständiger Begleiter. Kein Wunder, daß unter diesen Umständen das Rauchen in Verruf geraten ist. Mehr noch: Die vermeintlichen Risiken des Rauchens liefern einen willkommenen Anlaß zur gesundheitspolitischen Mobilmachung und Einflußerweiterung. Wir können es allerorten beobachten.

Das Phantasma der Gesundheit

Gesundheit wird zur Schimäre – zur ›Halluzination‹. Kaum noch jemand fühlt sich richtig gesund, jeder hat irgend etwas: irgendeine Allergie, irgendeine Mangelerscheinung, irgendeinen kleinen chronischen Defekt – und seien es auch nur Übergewicht, chronischer Schlafmangel, Migräne oder Dauerstreß.

Die ständige, fast schon narzißtische Selbstbeschäftigung des Menschen mit sich und seiner Gesundheit wird selbst zur Krankheit und ist zugleich offenkundig ein Symptom unserer hochindustriellen Zivilisation.

Dabei wissen wir aus der Placebo-Forschung, daß eine positive Lebenseinstellung entscheidenden Einfluß auf Entstehung und Verlauf von Erkrankungen haben kann. Optimisten werden weniger krank und leben länger, wie Forscher herausgefunden haben. Genauso gibt es den umgekehrten Effekt, die sogenannten ›Nocebos‹ (nach Walter Kennedy) – Negativbotschaften, die auf die Entstehung von Krankheiten eher förderlich wirken. In diesem Lichte sind übrigens die Warnaufschriften auf den Zigarettenpackungen auch aus medizinischer Sicht durchaus mit Sorge zu betrachten: Im Zweifel steigern sie den schädlichen Effekt von Zigaretten sogar. Mit Italo Svevo dürfen wir sagen: »Wenn man schon raucht, dann ist es besser, fröhlich zu rauchen, denn das schadet weniger.«[6]

Eine regelrechte ›Nocebo-Kultur‹ ist heute zum vorherrschenden Merkmal des Gesundheitswesens geworden, was zweifellos auch den Interessen dieses Marktes entgegenkommt. Allein in deutschen Apotheken werden jährlich über 52 Milliarden Euro an Arzneimitteln umgesetzt. Selbst unter den ›Gesunden‹ gibt es kaum noch jemanden, der nicht täglich irgendwelche Tröpfchen oder Pillen zu sich nimmt – und sei es nur ein harmloses Aspirin, ›um durch den Tag zu kommen‹. Über das Rauchen hören wir fast täglich neue Schreckensmeldungen, über die immer stärker um sich greifende Tablettenabhängigkeit klagt niemand. Dabei wird allein im Bereich der Barbiturate (Beruhigungsmittel, Schlaftabletten), Tranquilizer und Antidepressiva, die erwiesenermaßen über ein extrem hohes Suchtpotential verfügen, in deutschen Apotheken ein jährlicher Umsatz von über 1,1 Milliarden Euro erwirtschaftet.[7]

So macht das Phantasma perfekter Gesundheit uns alle zu Sündern. Und wir Sünder werden zu Kunden einer Gesundheitsindustrie.

Und nur am Rande: auch der Markt für Nikotinpräparate und Rauchentwöhnungsmittel ist mittlerweile auf einen hohen dreistelligen Millionenumsatz angeschwollen. ›Gesundheit‹ ist außerdem ein Wachstums-Markt. Bereits 1993/94 waren 12 % aller Erwerbstätigen in Deutschland im Gesundheitswesen beschäftigt[8], viele Menschen, die aus Gründen der Arbeitsplatzsicherung ein natürliches Interesse an Krankheit haben. Darunter viele ehrenwerte Sozialberufe und Dienstleister, aber auch Hersteller, Händler und Geschäftemacher.

Und solchen Leuten vertrauen wir unsere Gesundheit an? Jedenfalls wird verständlich, warum der Raucher angesichts dieser Zustände verunsichert und verwirrt ist. Warum wird gerade sein Laster so massiv verunglimpft? Die Antwort in ökonomischen Interessen zu suchen scheint nicht so falsch zu sein.

Was darüber hinaus gerne übersehen wird: Während wir unablässig von Gesundheit sprechen – über einen *positiven* Begriff von Gesundheit verfügt die Medizin überhaupt nicht. ›Gesund‹, das ist – unter Vorbehalt – in der Sprache der Medizin: ›ohne Befund‹. Anders gesagt: da ist nichts. Ein Arzt sucht dementsprechend auch *nie* nach Gesundheit. Es würde für ihn auch keinen Sinn machen, er *kann* und *will* es auch gar nicht – es liegt gar nicht in seinem Interesse. Gesundheit ist demgemäß auch nie faktisch zu ›beweisen‹. Vereinzelte Bemühungen, den Begriff Gesundheit positiv zu fassen, etwa die Formel der WHO, die Gesundheit als »einen Zustand völligen körperlichen, seelischen und sozialen Wohlbefindens« definiert hat, lassen allerdings befürchten, daß es überhaupt keine gesunden Menschen gibt.

Das Grundhandwerk des Mediziners besteht nun mal im Aufspüren und Behandeln von Krankheiten. In der Krankheit liegt seine Existenzberechtigung. So gesehen ist es kein Wunder, daß auch der medizinische Blick auf die Zigarette nichts anderes als ein Krankheitsrisiko hervorbringt.

Wir können es mit den Worten von Italo Svevos Romanhelden »Zeno Cosini« als das große Dilemma der Medizin bezeichnen, daß sie zuletzt »das Leben selbst als eine Krankheitsäußerung ansieht«.[9] Der Romanheld kämpft verzweifelt um seine Gesundheit (übrigens vor allem gegen seine Rauchsucht!), kommt am Ende seines langen Leidensweges aber zu dem faszinierenden Umkehrschluß, daß dieses vergebliche Bemühen um Gesundheit womöglich die eigentliche Krankheit sei. Es gibt nicht immer Heilung, vor allem nicht von den seelischen Leiden.

Krankheit, so erkennt Zeno kurz vor seinem Lebensende, gehört zu den Grundbedingungen des Lebens. Und dies in besonderem Maße unter den Bedingungen der modernen Zivilisation, die kaum eine Errungenschaft hervorgebracht habe, die nicht auch ihr spezifisches Krankheitssymptom zur Folge gehabt hätte. So wird in den Augen des Romanhelden die moderne Zivilisation zum Krankheitssymptom *an sich*, weil sie die Menschen immer klüger, aber auch immer schwächer macht. Reine Gesundheit kennen allein die Tiere; für den Menschen aber bleibt als Heilung von Krankheit und Parasiten nur der Tod. Kurz vor Ende des Romans heißt es:

> »Im Gegensatz zu allen anderen Krankheiten ist das Leben immer tödlich. Es verträgt keine Kuren. Das wäre ja, als wollte man alle Öffnungen des Körpers verstopfen, weil man sie für Wunden hält. Dann würde man, kaum geheilt, an Erstickung sterben.«[10]

In einem ähnlichen Sinn hat schon Nietzsche Sokrates zitiert, der, als er den Giftbecher trank, gesagt haben soll: »leben – das heißt, lange krank sein«; wobei Nietzsche nicht ohne kritischen Begleitton auf den seltsamen Klang »voll Zweifel, voll Schwermuth, voll Müdigkeit am Leben«[11] hinweist, der zu allen Zeiten die Weisesten in ihrem Urteil über das Leben erfüllt hätte.

Die wohl berühmteste Charakterisierung von Gesundheit stammt von dem Philosophen Hans Georg Gadamer, der Gesundheit als ›*selbstvergessenes Weggegebensein*‹ bezeichnet hat – als eine Form von selbstverständlichem, unreflektiertem und zuletzt nicht hinterfragbarem Wohlbefinden, das allerdings nicht erst mit der Empfindung von Krankheit, sondern bereits mit dem Nachdenken über Krankheit verlorengeht. In eine ähnliche Richtung zielte ja auch die Empfehlung von Zenos Freund, daß er die Krankheit *vergessen* müsse. Oder wie der bereits zitierte Klaus Dörner ausführt:

»… schon die Frage nach der Gesundheit kann diese beeinträchtigen, vertreiben oder zerstören, wie dies auch für andere Widerfahrnisse gilt, beispielsweise Vertrauen, Liebe und Gnade, für den Schlaf oder die Sättigung. (…) Natürlich können wir real unendlich viel für unsere Gesundheit tun; das hat aber kaum, oft sogar gar nichts damit zu tun, ob und in welchem Maß wir uns als gesund empfinden – allein letzteres zählt. So kann das Paradox zustande kommen: Je mehr ich für meine Gesundheit tue, je gesundheitsbewußter ich lebe, desto weniger gesund fühle ich mich, desto weniger gesund bin ich.«[12]

Dazu paßt das Motto moderner Ärztekritiker: wer heute noch gesund ist, der wurde – aller Voraussicht nach – einfach noch nicht gründlich genug untersucht.

Und noch einmal Nietzsche, der zu bedenken gibt, daß es womöglich »eine Gesundheit an sich« gar nicht gibt, sondern vielmehr »unzählige Gesundheiten des Leibes«, denn:

»Es kommt auf dein Ziel, deinen Horizont, deine Kräfte, deine Antriebe, deine Irrthümer und namentlich auf die Ideale und Phantasmen deiner Seele an, um zu bestimmen, *was* selbst für deinen *Leib* Gesundheit zu bedeuten habe. (…) Und je mehr (…) man das Dogma von der ›Gleichheit der Menschen‹ verlernt, um so mehr muss auch der Begriff einer Normal-Gesundheit, nebst Normal-Diät, Normal-Verlauf der Erkrankung unsern Medicinern abhanden kommen.

Und dann erst dürfte es an der Zeit sein, über Gesundheit und Krankheit der *Seele* nachzudenken und die eigenthümliche Tugend eines Jeden in deren Gesundheit zu setzen: welche freilich bei dem Einen so aussehen könnte wie der Gegensatz der Gesundheit bei einem Anderen.«[13]

Vielleicht rührt unsere ausgiebige Beschäftigung mit Krankheit daher, daß wir einen je eigenen Begriff von unserer ganz persönlichen Gesundheit verloren haben? Insofern geht es in der Tat nicht nur um eine Verteidigung individueller Lebensentwürfe oder Genußrechte, sondern auch um das Recht auf eine je eigene und äußerst individuelle Gesundheit. Zuletzt bliebe nach Nietzsche sogar die große Frage offen, ob wir auch umgekehrt »der Erkrankung *entbehren* könnten, selbst zur Entwicklung unserer Tugend«?[14]

Am Ende des Lebens

Gegen die vielfältigen Paradoxien der modernen Medizin wäre kaum soviel einzuwenden, würde sich die Medizin mit ihrer angestammten Rolle als Heilkunst begnügen. In dem Moment aber, wo sie sich zum allgegenwärtigen Maßstab unserer Lebensführung selbst ermächtigt, überschreitet sie als eine ›Hilfsdisziplin‹ des Lebens eine entscheidende Grenze. Sie macht sich zuständig für Dinge, für die sie de facto nicht zuständig ist, von denen sie im Prinzip auch nichts versteht; und schlägt so zwangsläufig in ihr Gegenteil um: in einen allgegenwärtigen Gesundheitswahn, der, wie gesehen, in Wahrheit auch immer ein Krankheitswahn ist.

Unser Gesundheitswesen hält uns unaufhörlich in Alarmbereitschaft, macht überall Bedrohungen aus, hält uns mit Risikofaktoren in Atem, beargwöhnt, durchleuchtet und kritisiert unsere Lebensgewohnheiten – und überzieht uns immer massiver mit Vorhaltungen und Vorschriften. Zweifellos ist der Kampf gegen das Rauchen hier nur die Spitze einer sehr viel weiter reichenden totalen Pathologisierung des Lebens.

So kommen wir schließlich zum ›letzten Akt der Tragödie‹: am Ende unseres Lebens müssen wir sterben! Die Medizin mag noch so viel vom Leben reden, worum es ihr offenkundig die ganze Zeit geht, ist der Tod; der Tod als Erzfeind unserer Existenz, als Krankheit, Plage, Schmerz, als der große dunkle Schatten und allmächtige Vernichter unseres Lebens.

Dahinter verbirgt sich einer der tragischsten Irrtümer der modernen Medizin. Denn trotz aller Einwände und Klagen ist der Tod ein fundamentaler Bestandteil des Lebens. Ohne den Tod würden wir ewig leben, würde es keinen Anfang und kein Ende geben, wäre es belanglos, ob etwas heute, morgen oder in hundert Jahren geschieht. Man kann es drehen und wenden, wie man will: Erst durch seine Vergänglichkeit erhält das Leben seinen unwiederbringlichen Wert und steht für uns als Menschen im Leben etwas auf dem Spiel.

Schon Platon fand nichts entsetzlicher als die Vorstellung vom unendlichen Leben. In vielen Kulturen der Weltgeschichte, aber auch in der »Ars moriendi« des 14. Jahrhunderts oder in der allgegenwärtigen Präsenz des Todes im Barock wird diese Einsicht in die Endlichkeit des Daseins als Aufforderung zu einem bewußteren und intensiveren Leben eingesetzt. Schon in den Bordellen Pompejis hat man gemalte Totenschädel an den Wänden gefunden – als Erinnerung daran, »daß man jeden Tag zu maximalem Lustgewinn nutzen solle«.[15]

Das heißt nicht, daß wir den Tod lieben müssen, aber wer den Tod nicht mitdenkt, hat eine gestörte Beziehung zum Leben. In der modernen Medizin ist aus dem Verhältnis von Tod und Leben eine bittere Feindschaftsbeziehung geworden, in der der Tod hochstilisiert wird zum dumpfen Exitus, zum ›leeren Nichts‹. Und deshalb muß er aus Sicht der Medizin mit allen Mitteln bekämpft werden – ohne Rücksicht auf Verluste; ohne Rücksicht selbst auf das Leben.

Demgemäß geht die Medizin immer kompromißloser und verblendeter zu Werke. Wir kennen die Stichworte: ›Reanimierungs-Tragödien‹, die in geistiger Behinderung und als Pflegefälle enden, künstliche Leidensverlängerungen durch Beatmungsmaschinen, Chemo-Folter, die Operationswut selbst bei 90jährigen Patienten, die Apparatetürme auf den Intensivstationen. Für das Erreichen ihres Ziels der Lebenserhaltung *um jeden Preis* bezahlen die Menschen mit einer zunehmenden Verkrüppelung und Altersverelendung.

Vielleicht werden eines fernen Tages im historischen Rückblick die Auswüchse der modernen Intensivmedizin einen ähnlich erschreckenden Eindruck hinterlassen wie die grausamen Zustände in den Kliniken des 18. und 19. Jahrhunderts heute auf uns: als eine Epoche eines grausamen Apparatewahns! Eines Wahns, der immer auch Ausdruck grenzenloser Selbstüberschätzung war, die sich in dem Glauben ausdrückte, den Tod eines Tages besiegen zu können.

Daß dies alles nicht nur eine Folge des technischen Fortschritts, sondern seinem Wesen nach tief im medizinisch-wissenschaftlichen Denken selbst verwurzelt ist, veranschaulichen Friedrich Nietzsches Worte aus dem Jahre 1887, die sich wie eine prophetische Anklage gegen die medizinischen Allmachtsphantasien des 21. Jahrhunderts lesen:

> »Hybris ist heute unsere ganze Stellung zur Natur, unsere Natur-Vergewaltigung mit Hülfe der Maschinen und der so unbedenklichen Techniker- und Ingenieur-Erfindsamkeit; Hybris ist unsere Stellung zu Gott; (…) Hybris ist unsre Stellung zu uns, – denn wir experimentieren mit uns, wie wir es uns mit keinem Thiere erlauben würden, und schlitzen uns vergnügt und neugierig die Seele bei lebendigem Leibe auf: was liegt uns noch am ›Heil‹ der Seele!«[16]

Angesichts der Verantwortung, die die Medizin für das Wohlergehen der Menschen für sich beansprucht, wird sie sich eines Tages notgedrungen auch mit ihren Grenzen und dem Gebot der Selbstbeschränkung beschäftigen müssen.

Der Tod – respektive das Weltbild der Tabakgegner mit seinen Todeszahlen und Todesbeschwörungen – ist aber nur mit Einschränkung tauglich als Argument gegen das Rauchen. Der Tod ist ein Argument für alles und nichts. Und egal wie viel Angst wir vor ihm haben, egal auch wie viele Versprechungen uns bezüglich seines ›Aufschubs‹ gemacht werden, egal auch was wir glauben, *für* oder *gegen* ihn ausrichten zu können – er ist immer da, und irgendwann wird er uns ereilen.

Selbst wenn wir also hier und jetzt – und mit aller Eindeutigkeit – einsehen müßten, daß das Rauchen tatsächlich so schädlich und tödlich ist, wie immer behauptet – wir sollten nie vergessen: *so ist auch das Leben*! Schädlich, tödlich, gefährlich – aber auch herrlich, lustvoll und genüßlich. Darin sind sich zumindest Zigarette und Leben erstaunlich ähnlich:

> *»La vida es un cigarillo*
> *Hierno, cenzia y candela*
> *Unos la fuman de prisa*
> *Y algunos la saborean«*

> »Das Leben ist eine Zigarette
> Schlacke, Asche und Feuer
> Einige rauchen es in Eile
> Andere kosten es aus«

dichtet der andalusische Lyriker Manuel Machado.[17]

Die Gefahren des Lebens verbieten hieße letztlich das Leben verbieten. Der Kampf gegen das Recht zu rauchen ist daher in letzter Konsequenz ein Kampf gegen das Leben.

1 Detlef Bluhm: Wenn man im Himmel nicht rauchen darf, gehe ich nicht hin, S. 28
2 Dr. Stephen Juan: Schmetterlinge im Bauch. Bergisch Gladbach 2002, S. 289 f.
3 Ruediger Dahlke: Die Psychologie des blauen Dunstes, S. 16
4 Klaus Dörner: Die Gesundheitsfalle, S. 76 f.
5 Auch in: Rheinische Post vom 17. 11. 2004
6 Italo Svevo: Die Kunst, sich das Rauchen nicht abzugewöhnen. Reinbek 1995, S. 117
7 Deutsche Hauptstelle für Suchtfragen (DHS), November 2003
8 In: Gesundheitsbericht für Deutschland 1998 – Mitteilung für die Presse vom 3. 11. 1998
9 Italo Svevo: Zeno Cosini, Reinbek 1988, S. 577
10 Ebd.
11 Nietzsche, Götzendämmerung. In: Sämtliche Werke. Kritische Studienausgabe in 15 Bänden, Band 6. München, Berlin, New York 1980, S. 67
12 Klaus Dörner: Die Gesundheitsfalle, S. 12
13 Nietzsche: Die fröhliche Wissenschaft. In: Sämtliche Werke. Kritische Studienausgabe in 15 Bänden, Band 3. München, Berlin, New York 1980, S. 477
14 Ebd.
15 Martin Lütz: Lebenslust. München 2002, S. 146
16 Friedrich Nietzsche: Zur Genealogie der Moral. In: Sämtliche Werke. Kritische Studienausgabe in 15 Bänden, Band 5. München, Berlin, New York 1980, S. 357
17 Richard Klein: Schöner blauer Dunst. München 1997, S. 17 u. 49

Der Tanz mit dem statistischen Teufel

»Ich fahre Auto, obwohl ich die Statistiken kenne, ich gehe nachts durch dunkle Parks, ich reite, ich gehe nie vor Mitternacht schlafen, ich achte nicht auf Bananenschalen, ich lebe als Preuße in Bayern, ich bin ein deutscher Schriftsteller – verstehen Sie, ich will mit alldem sagen: Ich weiß um die Gefahren des Lebens, aber ich weigere mich, meine Lebensrechnung auch noch bis auf die 5. Stelle hinter dem Komma auszurechnen. Ich bin bereit, abzurunden.«

Joachim Fernau [1]

Kommen wir zum Hauptproblem: den hohen Sterbeziffern. Die erschreckenden Zahlen der WHO kennen wir bereits: jährlich 5 Millionen Rauchertote und geschätzte 8,4 Millionen im Jahr 2020.[2] ›Rauchertote‹ oder ›Raucheropfer‹ – das klingt immer tragisch, frühzeitig, vermeidbar. Und man darf durchaus Absicht unterstellen, wenn uns bei diesen Zahlen unwillkürlich Assoziationen eines mit Leichenbergen übersäten Schlachtfeldes vor Augen treten.

Bei so viel Entsetzen stellt kaum jemand die Frage, wie es überhaupt möglich ist, weltweit Millionen von Rauchertoten zu zählen. Wie zählt man beispielsweise in China oder den Ländern Afrikas *Tabakopfer?*

Widersprüchliche Veröffentlichungen der WHO selbst geben Anlaß zu Argwohn. Mit einer ganzen Reihe von ›Ungereimtheiten‹ im Zahlenwerk der WHO haben sich sogar schon mehrere

Artikel im »Deutschen Ärzteblatt«[3] auseinandergesetzt – ein Organ, das sicherlich nicht in Verdacht steht, raucherfreundlich zu sein. Bemängelt werden stetig schwankende Angaben zur Raucherpopulation (im dreistelligen Millionenbereich), erhebliche Unregelmäßigkeiten bei der Bezifferung von Rauchertoten sowie lückenhafte und unstimmige Quellennachweise.

Auffällig ist auch der rapide Anstieg der Todeszahlen innerhalb nur weniger Jahre: 1989 werden die Rauchertoten auf 2 Millionen beziffert, bereits 1990 sind es 3 Millionen, 1999 steigt die Zahl auf 3,5 Millionen, 2002 auf 4 Millionen und schließlich 2003 auf 5 Millionen.[4] Man könnte es auch die ›wundersame Vermehrung der Rauchertoten‹ nennen. Eine wachsende Zahl von Kritikern äußert die Sorge, daß durch diese spekulativen Hochrechnungen die Glaubwürdigkeit der Weltgesundheitsbehörde auf dem Spiel steht.

Das Problem ist, daß man offenbar selbst in Deutschland nicht genau weiß, wie man Rauchertote zählt. Dazu kurz ein Überblick: In der Bundesrepublik rauchen nach Angaben des Statistischen Bundesamtes vom Mai 2003 ungefähr ein Viertel (27 %) der erwachsenen Bevölkerung ab 15 Jahren, also etwa 17 Millionen Menschen. Zugleich sterben laut Statistischem Bundesamt bei einer Bevölkerung von 82,5 Millionen Menschen jährlich 842 000 Menschen, also etwa 1 % der Bevölkerung. Dabei gehen knapp 50 % der Sterbefälle auf die sogenannten »Krankheiten des Kreislaufsystems« (Herzinfarkte, Schlaganfälle etc.) und etwa ein Viertel auf Krebserkrankungen zurück.

Bemerkenswert aber ist, daß ›Rauchen‹ als mögliche Todesursache in der Statistik gar nicht vorkommt. Zumindest in der offiziellen Tabelle der ›todesursachenspezifischen Sterblichkeit‹ des Statistischen Bundesamtes gibt es keine Kategorie ›Sterbefälle aufgrund von Tabakkonsum‹. – Während die Gesundheitsämter, die Anti-Raucher-Verbände oder die WHO von *Millionen von Rauchertoten* sprechen, gibt es medizinisch-statistisch gesehen gar keine Todesursache ›Rauchen‹. Anders gesagt: Es gibt keinen unmittelbaren ›Nikotintod‹ oder ›Tabakinfarkt‹. Menschen – Raucher wie Nichtraucher – sterben an Krebs, Herzinfarkt, Altersschwäche, durch einen Autounfall. Man stirbt allenfalls an den *Folgen des Rauchens*. Angesichts der allgemeinen Rhetorik – »Rauchen kann tödlich sein« bzw. »Rauchen ist tödlich« – sei der Hinweis auf diesen feinen Unterschied erlaubt.

So wird auch verständlich, warum die Zahlen über Raucheropfer in einem völlig separaten Abschnitt der Statistik aufgeführt werden. Maßgeblich ist hier bis zum heutigen Tag der »Gesundheitsbericht für Deutschland 1998« des Statistischen Bundesamtes, laut dem in Deutschland jährlich 90 000–140 000 Menschen »an den Folgen des Tabakkonsums« sterben, das sind etwa 11–17 % aller Sterbefälle.

Auch das ist zweifellos eine erschreckende Zahl. Was aber gleichzeitig auffällt: es ist keine besonders exakte Zahl! Immerhin beinhaltet die Bezifferung eine mögliche ›Schwankung‹ von 50 000 Sterbefällen, das sind mehr als 50 % des unteren Wertes. Die Zahl basiert offenkundig auf Schätzungen – oder anders gesagt: sie wissen es nicht genau!

Und der Grund dafür ist simpel. Wie schon gesehen, kann in der klassischen Todesstatistik immer nur monokausal das Grundleiden erfaßt werden, ohne daß weitere Angaben zu den Ursachen der Erkrankung nachvollziehbar wären. Angenommen, ein 65jähriger übergewichtiger, vielrauchender, regelmäßig Alkohol konsumierender und zu Depressionen neigender Großstadtbewohner stirbt an einem Herzinfarkt. Dann lautet in unserem Zusammenhang die Frage: Woran genau ist er gestorben? Am Rauchen? Am Alkohol? An Fettleibigkeit? Und als was ›zähle‹ ich ihn? Etwa als *vollgültigen* Rauchertoten? Das wäre aber nicht nur faktisch fragwürdig, sondern auch statistisch gesehen unseriös. – Vor allem ist die Frage, *woran genau* jemand gestorben ist, im Zweifel gar nicht eindeutig zu beantworten. Von der Statistik schon gar nicht.

Andersherum betrachtet wird das Dilemma noch deutlicher: Bekanntlich beruhen die durch das Rauchen vermuteten Schäden auf *Langzeitwirkungen,* die auch nach medizinischer Lehrmeinung oft erst nach Jahrzehnten zu kritischen gesundheitlichen Symptomen führen. Dabei gilt theoretisch eine Vielzahl von Erkrankungen als möglich – vom Raucherbein über Krebs bis hin zu Herzerkrankungen. Eine zwingende Prognose, zu welcher Erkrankung das Rauchen führt, ist aber augenscheinlich nicht möglich. Die tatsächlichen Folgen sind zu Beginn des Zeitraums völlig offen! Erst rückwärts betrachtet wird alles eindeutig und klar: »Arteriosklerose! – Sie rauchen? – Das hätte ich Ihnen gleich sagen können.«

Nein, hätte er nicht! Niemand kennt im Vorhinein die Folgen des Rauchens; im Nachhinein aber muß es als Ursache herhalten für Hunderte von Krankheiten, die umgehend als statistisch signifikante Folgeerscheinungen erfaßt werden.

Nehmen wir zur Anschauung eine klare ›kausale Kette‹ von tödlicher ›Gesundheitsgefährdung‹: wenn sich jemand eine Kugel in den Kopf jagt, wenn jemand mit 180 gegen einen Baum rast oder wenn jemand ohne Fallschirm aus einem Flugzeug springt. – Das alles sind *eindeutige* Gefahrensteigerungen, nachvollziehbare Ursache-Wirkungs-Ketten, die im Falle eines tödlichen Ausgangs nicht hinterfragt werden müssen. Beim Rauchen mit seinen Langzeitwirkungen ist das offensichtlich komplizierter.

Es ist deshalb schlichtweg irreführend, wenn in diversen Veröffentlichungen der Anschein erweckt wird, die Sachlage sei eindeutig. So in Knut-Olaf Hausteins Standardwerk »Tabakabhängigkeit«, in dem 100000 Tote jährlich beziffert werden[5]; oder in einer Mitteilung des »Ärztlichen Arbeitskreises Rauchen und Gesundheit«, der pauschal von 140000 Rauchertoten spricht.[6] Abgesehen davon, daß auch hier wieder erhebliche Abweichungen zu verzeichnen sind: Es ändert nichts daran, daß alle diese Zahlen, wie jeder fachkundige Statistiker einräumen würde, vor dem Hintergrund der »problematischen Methodik« der Todesursachenstatistik auf Schätzungen und Hochrechnungen beruhen.[7]

Ein faszinierendes Phänomen in diesem Zusammenhang ist übrigens die latente Neigung der Statistik zu ›Mehrfachzählungen‹, die nicht selten im statistischen Zahlenkollaps enden. Was damit gemeint ist, veranschaulicht ein Experiment des Autors und Arztes Klaus Dörner, der zwei Jahre lang aus zwei Zeitungen sämtliche Berichte über die Häufigkeit »behandlungsbedürftiger psychischer Störungen« gesammelt hat. Als er alle Zahlen addierte, kam er auf 210 %. »Jeder Bundesbürger wäre also wegen mehr als zwei psychischen Störungen therapiebedürftig!«[8] Man würde sich nicht wundern, wenn eine Addition aller Statistiktoten zu dem Ergebnis käme, daß wir alle schon mehrfach gestorben sind.

Auf der anderen Seite sollte man nicht vergessen, daß die anderen ca. 86 % der Statistik auch sterben. Das ist deshalb nicht unwichtig, weil uns die dramatischen Zahlen über ›Raucheropfer‹ suggerieren, daß die betroffenen Menschen ohne Tabakkonsum noch leben würden. Als ob sie, hätten sie nicht geraucht, gar nicht gestorben wären. Was natürlich Unsinn ist.

Zudem wird ausgeblendet, daß ein erheblicher Unterschied besteht zwischen einem 20jährigen Soldaten, der im Kriegseinsatz ums Leben kommt, und einem 65jährigen Kettenraucher, der an einem Herzinfarkt stirbt. Abgesehen von der Unfreiwilligkeit der Lebensentscheidung, abgesehen von der Eindeutigkeit der Ursache-Wirkungs-Kette – letztlich bleibt ein wesentlicher Faktor unerwähnt: das Sterbealter. Weil wir nämlich alle eines Tages sterben, spielt das Alter bei der Bewertung eines Sterbefalls eine entscheidende Rolle.

Im Überblick: In Deutschland liegt die durchschnittliche Lebenserwartung für Männer derzeit bei 75,6 Jahren, für Frauen bei 81,3 Jahren. Demgegenüber liegt das durchschnittliche Sterbealter bei Krebs für die Männer bei 71,6 Jahren und für die Frauen bei 69,9 Jahren. Bei den Erkrankungen des Kreislaufsystems erreichen die Männer durchschnittlich 75,7 Jahre, die Frauen 83,9 Jahre.

Egal also, ob wir ›unsere Rauchertoten‹ bei den Krebs- oder Herz-Kreislauf-Erkrankungen suchen – und unabhängig davon, wie erschreckend die Zahlen auch sein mögen: sowohl der Krebs als auch die Herz-Kreislauf-Erkrankungen bleiben im statistischen Gesamtbild eindeutig ›Alterskrankheiten‹. Selbst mit Blick auf das (durchschnittliche) Krebssterbealter ist festzustellen, daß die Menschen auch trotz des massenhaften Rauchens seit der Mitte des letzten Jahrhunderts ein immer höheres Lebensalter erreichen. Noch nie sind die Menschen so alt geworden wie im letzten Jahrhundert – dem großen Raucher-Jahrhundert!

Natürlich gibt es immer tragische Ausnahmen, frühzeitige Todesfälle im mittleren Alter. Aber mit Blick auf das demoskopische Gesamtbild stellt sich die Frage, inwiefern man allen Ernstes von einer ›Epidemie‹ sprechen kann.

Um es kurz zu machen: Im Prinzip decken sich alle diese Zahlenspiele mit einer alten ›Faustregel‹, nach der ein Raucher davon ausgehen kann, daß er, statistisch gesehen, mit einer Reduzierung seiner allgemeinen Lebenserwartung von ca. 5–7 Jahren rechnen muß.[9] Folgerichtig ist anzunehmen, daß auch das Durchschnittssterbealter der 5 Millionen von der Weltgesundheitsbehörde errechneten Rauchertoten irgendwo bei circa 70 Jahren liegt. Auch der 80jährig verstorbene nordfriesische Pfeifenraucher ist ein Rauchertoter, genauso wie der 60jährige, an Lungenkrebs verstorbene Kettenraucher.

Die Weltgesundheitsbehörde – wie überhaupt die Statistik – unterschlägt den Unterschied zwischen minderjährigen Hungeropfern, jugendlichen Unfalltoten oder eben 70jährigen (selbst 50jährigen) verstorbenen Rauchern. Sie unterschlägt den Unterschied an verlorenen Jahren.

Beweise durch Korrelationen?

Die Statistik dient aber nicht nur der Abschreckung, sie dient vor allem der Beweisführung, d.h. die ›Horrorzahlen‹ sollen nicht nur das Massensterben vor Augen führen, sie sollen es vor allen Dingen auch *beweisen*. Doch auch das ist ein höchst problematisches Unterfangen.

Eines der Kernprobleme sind die berüchtigten Langzeitwirkungen, die oft erst nach Jahrzehnten die pathologischen Veränderungen auslösen, die zu der einen oder anderen Krankheit führen. Das heißt, wir reden bei den betreffenden Erkrankungen von einer ›Inkubationszeit‹ von 20–30 oder mehr Lebensjahren; ein Zeitraum, in dem eine Vielzahl von Faktoren Einfluß auf die Gesundheit und den Stoffwechsel nimmt: Lebenswandel, Ernährung, Umweltbelastungen, Arbeitsstreß, Fitness, psychische Disposition, genetische Anlagen – Rauchen. Zumindest wird deutlich, warum das Zusammenspiel all dieser Faktoren über einen so langen Zeitraum in statistischen Studien nur schwer zu beobachten und kontrollieren ist.

Es wird aber auch verständlich, warum es bis heute nicht in überzeugender Weise gelungen ist, eindeutige klinische Beweise oder klare pathologische Befunde hervorzubringen. Gleichfalls ist es immer wieder frappierend, daß bis heute kein schlüssiger Nachweis durch *Tierversuche* vorliegt. Das Gegenteil ist der Fall: Im Internet finden sich massenweise Seiten von Tierversuchsgegnern, die vor allem die ergebnislosen Rauch- und Tabakexperimente mit Tieren als Einwand *gegen* Tierversuche anführen.[10]

Wobei das natürlich ein hochumstrittenes Thema ist. Ernest Wynder, einer der Pioniere der Antitabakforschung, soll monatelang ergebnislos Mäuse mit Zigarettenqualm malträtiert haben und war schließlich zu Teerbepinselungen übergegangen – bis dann endlich bei *einer* bestimmten Mäuseart Hautkrebs entstanden war.[11]

Dasselbe gilt für die neuerdings so beliebten gentechnischen Ansätze, die mit Hilfe von DNA-Untersuchungen am Tumorgewebe den krebsverursachenden Effekt von Tabakrauch beweisen wollen. Aber auch hier bleiben, wie wir sehen werden, viele Fragen offen.

Gleichwohl steht außer Frage, daß das hochbrisante Aussagen sind. Es geht aber nicht darum, grundsätzlich die Schädlichkeit des Rauchens in Frage zu stellen, sondern einzig um die wissenschaftliche Qualität der Beweislage. Es soll auch nicht behauptet werden, daß im Zigarettenrauch keine krebserregenden Substanzen enthalten seien. Die Frage ist nur, in welchem *Ausmaß* und mit welcher Zwangsläufigkeit sie in Form von Zigarettenrauch zu Erkrankungen führen. Selbst nach medizinischer Lehrmeinung spielen Konsummenge und -dauer eine erhebliche Rolle bei der Risikoeinschätzung.[12] Die negativen Wirkungen des Rauchens entstehen jedenfalls nicht ›ad hoc‹, sondern allenfalls durch langjährige Penetranz. Das erklärt, warum es Probleme bereitet, diese Vorgänge im Labor zu simulieren.

Aus diesen Gründen sind statistische Studien zu einer tragenden Säule der Beweisführung geworden. Und diese legen in der Tat einen Zusammenhang zwischen Rauchen und der Entstehung von zahlreichen Krankheiten nahe. Das grundsätzliche Problem von Statistik ist jedoch: sie kann immer nur *Korrelationen* aufweisen, sie kann keine kausalen Zusammenhänge beschreiben. Mit anderen Worten: Statistik ist überhaupt nicht in der Lage, Beweise zu erbringen!

Dementsprechend haben die Gesundheitsmediziner bei ihrem statistischen ›Feldzug‹ gegen das Rauchen immer wieder mit zahlreichen ›Widersprüchen‹ zu kämpfen: Während bei einer signifikanten Zahl an Krebserkrankungen ein korrelativer Zusammenhang mit dem Rauchen nachgewiesen werden kann, ist bei einer ebenfalls beachtlichen Zahl von Rauchern *kein* Zusammenhang nachzuweisen. Gleichzeitig gibt es eine beträchtliche Zahl an Menschen, die *nicht* rauchen und dennoch Krebs kriegen. Und schließlich ist bis heute nicht restlos geklärt, was Krebs wirklich auslöst. Bei den komplexen Vorgängen der Herz-Kreislauf-Erkrankungen ist das ganz ähnlich.

Auch der gesunde Menschenverstand steckt hier in einem

Dilemma: Der angeblich erdrückenden Beweislage steht die Tatsache gegenüber, daß viele Menschen ihr Leben lang rauchen, ohne zu erkranken oder auffallend früh zu sterben. Und damit sind nicht nur so berühmte Raucher wie Winston Churchill, Ernst Jünger oder Helmut Schmidt gemeint, sondern *Millionen von Rauchern weltweit.* Unter ihnen auch der 122 Jahre alte Kambodschaner Sek Yi, der als das Geheimnis seines hohen Alters die Mischung aus Rauchen und Beten empfiehlt. Aber so weit muß man gar nicht gehen: Nahezu jeder kennt mindestens einen Menschen, eine alte Tante oder Großmutter, die ihr Leben lang geraucht, zwei Weltkriege mit anschließenden Hungerjahren und Mangelernährung überlebt haben und trotz munteren Rauchens ein fulminantes Alter erreicht haben.

Die Sache ist offenkundig komplizierter!

Der Lungenkrebs

Ein besonders dramatisches Beispiel in diesem Zusammenhang ist der Lungenkrebs, der wie keine andere Erkrankung nahezu ausschließlich mit dem Rauchen in Verbindung gebracht wird.

Im Jahr 2002 war der Lungenkrebs in Deutschland für knapp über 18,6 % aller Krebssterbefälle verantwortlich, das sind 4,7 % aller Sterbefälle, mit einem deutlich höheren Anteil unter den Männern. Das durchschnittliche Sterbealter lag sowohl für Männer als auch Frauen bei knapp unter 70 Jahren.

Zugleich wird im »Gesundheitsbericht für Deutschland 1998« in der Tabelle über die »Anteile des Rauchens an der Krebssterblichkeit« das Rauchen bei den Männern zu 90 % und bei den Frauen zu 79 % für die Entstehung von Lungenkrebs verantwortlich gemacht.

Da hört der Spaß natürlich auf. Dies gilt um so mehr, als gerade beim Lungenkrebs der Ursache-Wirkungs-Zusammenhang mit dem Rauchen so besonders plausibel erscheint. Und ohne Zweifel stellt ein 90%iger Anteil eine statistisch extrem signifikante Zahl dar.

Man muß das nicht beschönigen: Natürlich wird durch langjähriges, *starkes* Rauchen die Lunge einer außerordentlichen Belastung ausgesetzt. Und zweifellos stand der jüngst in einer Fernsehdokumentation geschilderte Fall eines 70jährigen Lungenkrebsopfers mit seinem Rauchverhalten im Zusammenhang: 50 Jahre lang täglich 60–80 Zigaretten.

Trotzdem: auch der Lungenkrebs ist keine *zwangsläufige* Folge des Rauchens. Denn genauso wie die Statistik das erhöhte Sterberisiko belegt, sie belegt auch, daß viele Menschen ihr Leben lang rauchen – und keinen Lungenkrebs entwickeln. Um genau zu sein: *sogar über 90 %!*[13]

Die wirklich interessanten Fragen bleiben unbeantwortet: Wieso erkranken einige Raucher an Lungenkrebs – und viele nicht? Wieso erkranken auch Nichtraucher? Welche Rolle spielt die Konsummenge? Welche anderen Lebensumstände könnten bei einer Erkrankung von Bedeutung sein? Ernährungsgewohnheiten? Umwelteinflüsse? Berufliche Belastungen? Genetische Veranlagungen?

Es stellt sich auch die Frage, warum Männer im Vergleich zu Frauen viel häufiger von Lungenkrebs betroffen sind. Im erläuternden Begleittext des statistischen Bundesamtes wird außerdem angemerkt, daß bei Frauen in städtischen Gebieten eine deutlich höhere Lungenkrebsrate vorliegt als auf dem Land.[14]

Kann es sein, daß die Statistik hier etwas andeutet, was sie zugleich beharrlich verschweigt: daß es eine ganze Reihe von möglichen, vielleicht sogar eine Kombination von Faktoren geben könnte, die für die Erkrankung verantwortlich sind?

Hier kommt erneut die »problematische Methodik« der Statistik ins Spiel. Denn auch beim Lungenkrebs stellt sich die Frage, inwiefern man das Rauchen bei 90 % aller Fälle zum alleinverantwortlichen Faktor erklären kann? Zunächst müßte geklärt werden, ob jeder ›Lungenkrebstote‹ tatsächlich auch an Lungenkrebs gestorben ist[15]; ganz abgesehen davon, ob das Rauchen als kausale Ursache anzunehmen ist. Gesicherte pathologische Befunde könnten jedoch, wenn überhaupt, nur durch Obduktionen ermittelt werden. Doch auch heute noch werden z. B. in den USA nur bei etwa 10 % aller Todesfälle Autopsien durchgeführt. Die überwältigende Mehrheit der Befunde erfolgt daher aufgrund von Patientenangaben.

Einfacher gesagt: wenn jemand an Lungenkrebs stirbt, wird anhand der ärztlichen Unterlagen nachgeprüft, ob es sich um einen Raucher handelt oder nicht. Bei positivem Vermerk lautet das Urteil: Lungenkrebstod aufgrund von Tabakkonsum. Auf der Grundlage dieser Totenscheine werden auch die Statistiken erstellt.[16] Dabei ist allein die Fragestellung schon eine statistische Vorentscheidung. Nach möglichen anderen Faktoren, die man natürlich überhaupt erst mal in Betracht ziehen müßte, wird gar nicht gefragt.

Daran ändern auch die sogenannten »prospektiven Studien« wenig, die bei der Ursachenermittlung den umgekehrten Weg gehen und deshalb als sehr viel zuverlässiger gelten. Hier wird eine größere Anzahl an Probanden nach ihren Rauchgewohnheiten befragt, dementsprechend in Gruppen unterteilt und anschließend beobachtet, ob sie unterschiedlich häufig Lungenkrebs entwickeln. Was aber umgehend deutlich wird: Die gesamte Anlage der Studie basiert auf der Annahme, *daß dieser Zusammenhang besteht.* So kommt man auch hier zu dem Ergebnis, dass 90 % der an Lungenkrebs erkrankten Menschen Raucher sind oder früher Raucher waren. Fazit: Das Rauchen wird bei 90 % aller Fälle von Lungenkrebs als Ursache ermittelt. Daß viele Raucher ohne Erkrankung geblieben sind, bleibt unberücksichtigt. Andere mögliche Ursachen bleiben ebenfalls unberücksichtigt. Das Rauchen wird als vollgültiger, alleiniger und 100%iger Faktor gezählt: Und plötzlich sind aus Korrelationen Beweise geworden.

Ein ebenfalls äußerst beliebtes Beweisdokument für die tödlichen Schäden, die das Rauchen in der Lunge auslöst, sind Abbildungen von teergeschwärzten Lungenflügeln verstorbener Lungenkrebspatienten. (Auch die EU hat sie in ihren Schockbilder-Katalog für Zigarettenschachteln aufgenommen.) Von erfahrenen Pathologen erfährt man allerdings, daß sich die Lunge eines 70jährigen, nichtrauchenden und tumorfreien Stadtbewohners in puncto Schwärze optisch im Zweifel gar nicht von einer Raucherlunge unterscheiden läßt.[17] Tatsache ist, daß die ein Leben lang in städtischen oder industriellen Gebieten durch die Lunge aufgenommenen Schadstoffpartikel (Stichwort: Feinstaubbelastung) ein ganz ähnliches Bild hinterlassen. Was hier betrieben wird, ist bewußte ›optische Täuschung‹ und Panikmache.

Schließlich werden auch häufig *historische* Statistiken herangezogen, um den Zusammenhang zwischen Rauchen und Lungenkrebs zu belegen. Dabei wird der dramatische Anstieg an Lungenkrebserkrankungen im letzten Jahrhundert mit dem parallel stark angestiegenen Tabakkonsum in Verbindung gebracht.

Tatsächlich war (nach Angaben aus den USA) der Lungenkrebs noch um 1920 eine nahezu unbekannte Krankheit mit nur 1 Erkrankung auf 100 000 Menschen – gegenüber mittlerweile 50 Erkrankungen in 1990. Parallel dazu ist der durchschnittliche Zigarettenkonsum von 151 Zigaretten (pro Kopf/pro Jahr) im Jahr 1910 auf über 4 000 Zigaretten in den 60er und 70er Jahren angestiegen. (Und liegt mittlerweile wieder bei etwa 2 020 Zigaretten.)[18]

Der Verdacht eines Zusammenhangs ist also naheliegend. Doch dann stellt sich auch die Frage, warum seit dem deutlichen Rückgang des Rauchens in den 70er Jahren nicht auch ein deutlicher Rückgang beim Lungenkrebs zu verzeichnen ist? Zudem ist es seit Ende der 60er Jahre zu einem stetigen Rückgang des Teergehalts in Zigaretten gekommen. Damals machten Marken mit einem Teeranteil von weniger als 15 mg lediglich 2–3 %

des Marktes aus. Heute sind Zigaretten mit einem Teer- oder Kohlenmonoxid-Gehalt von mehr als 10 mg überhaupt nicht mehr zugelassen. 1950 hingegen waren 40 mg Teergehalt normal![19]

Das heißt aber auch: wer heutzutage täglich eine Packung einer Standard-Marke raucht, der raucht im Vergleich zu früher den Gegenwert von ca. 5 Zigaretten täglich. (Ein geschulter Rauchgegner würde hier einwenden: Sowieso alles Unsinn! Es gibt keine ›ungefährliche‹ Zigarette, Marken mit geringeren Werten sind genauso schlimm. Zu fragen bleibt nur, warum dann die Obergrenzen für Teer, Nikotin und Kohlenmonoxid eingeführt wurden.)

Es gibt noch andere mögliche Erklärungen. Schaut man auf das frühe 20. Jahrhundert, dann gerät unweigerlich eine andere Krankheit ins Blickfeld: die Tuberkulose. Noch um die Jahrhundertwende gehörte sie zu einer der am meisten verbreiteten Infektionskrankheiten in Europa und den USA.

Das Interessante an der Tuberkulose ist, daß sich ihre rein *äußerlichen* Symptome bis auf weiteres nicht wesentlich von den Symptomen des Lungenkrebses unterscheiden. Im »Brockhaus' Konversations-Lexikon« von 1894 werden unter dem Begriff der »Lungenschwindsucht« folgende Symptome aufgezählt: Blutiger oder eitriger Auswurf, Husten, Brustschmerzen, Fieber, Nachtschweiß, Appetitlosigkeit, Abmagerung, Kurzatmigkeit. »Häufig stellt sich auch hartnäckige, oft bis zur völligen Tonlosigkeit gesteigerte Heiserkeit ein (= sog. Luftröhren- oder Kehlkopfschwindsucht)«.

Dabei ist zu berücksichtigen, daß der medizinische Wissensstand und die allgemeinen Diagnosemöglichkeiten um 1900 noch äußerst eingeschränkt waren. Zudem wurde ein Großteil der Bevölkerung durch Hausärzte behandelt, die ihre Diagnosen vorwiegend auf Symptome und weniger auf Laboranalysen stützten. Angesichts der extremen Seltenheit von Lungenkrebs und der gleichzeitig großen Verbreitung von Tuberkulose ist es keineswegs abwegig, daß mögliche Fälle von Lungenkrebs zu jener Zeit oft als Tuberkulose diagnostiziert worden sind.

Lungenkrebs tritt generell erst später im Leben auf und wächst auch sehr langsam. Um 1900 aber lag die durchschnittliche Lebenserwartung in Europa und den USA bei etwa 47 Jahren. Das heißt, Menschen, die möglicherweise in ihrem späteren Leben Lungenkrebs entwickelt hätten, starben bereits vorher. So makaber es klingt: sie wurden einfach nicht alt genug, um an Lungenkrebs zu sterben.

Statistische Sonneninseln und andere Faktoren

Statistik wäre nicht Statistik, wenn es nicht auch Gegenstatistiken gäbe. Denn selbst die Behauptung einer erhöhten Gefährdung durch erhöhten Konsum ist nicht immer und überall gültig. So gibt es Erhebungen, die belegen, daß japanische Männer trotz eines etwa 25%ig höheren Zigarettenkonsums deutlich weniger an Lungenkrebs erkranken als amerikanische Männer.[20]

Ähnliches belegt eine Studie aus den USA, die zeigt, daß die amerikanischen Indianer trotz deutlich höherer Raucherquote (39,5 % gegenüber 25,6 % der Gesamtbevölkerung) eine deutlich geringere Sterberate bei Darm- und Lungenkrebs (Männer) sowie Darm- und Brustkrebs (Frauen) aufweisen.[21]

Auch in China liegt trotz eines im Vergleich zu den USA deutlich höheren Raucheranteils die sogenannte »Lung Cancer Death Rate« (LCDR) bei den Männern bei nur 0,56% – versus 1,4% bei den amerikanischen Männern. Andere Studien haben festgestellt, daß auf den subtropischen Sonneninseln des Indischen Ozeans (Mauritius, Barbados, Seychellen) trotz großer Verbreitung des Rauchens eine männliche LCDR von nur 0,4–0,5% vorliegt.[22]

Über die Gründe wird man streiten können. Liegt es am Klima? Liegt es an der Ernährung? Liegt es an den Genen? Liegt es an der geringeren Umweltbelastung?

Mögliche Antworten liegen auf der Hand. Denn was in all diesen Statistiken nicht aufgeführt wird, sind erneut die vielen anderen Faktoren, die seit 1900 zu erheblichen Veränderungen in den Lebensumständen der Menschen geführt haben: Ernährung, Industrieabgase, Chemiesubstanzen (Pestizide, Düngemittel), Kunststoffprodukte, Mikro-Gifte, Elektrosmog, Klimaanlagen, selbst Faktoren wie ›gesellschaftliche Beschleunigungsprozesse‹ und sozio-ökonomischer Streßzuwachs in der modernen Leistungsgesellschaft. Ist das vielleicht der Grund, warum es der mauretanische Zigarettenraucher statistisch so viel besser hat?

Hier geraten auch die sogenannten ›Zivilisationskrankheiten‹ wie Übergewicht und Depression ins Blickfeld. Der moderne Mensch lebt zugleich im Zeitalter der nahezu totalen *Be-*

wegungslosigkeit. So ist es durch die Revolution der Verkehrsmittel – Bahn, Auto, Flugzeug – *einerseits* zu einer dramatischen Beschleunigung des Personenverkehrs, *andererseits* zu einer fast vollständigen Stillstellung des individuellen Körpers gekommen. Das Jahrhundert des Krebs ist auch das Jahrhundert der totalen Bewegungsaussetzung, der totalen Denaturierung der menschlichen Eigenmotorik.

Eng damit verbunden ist die Übergewichtigkeit, die in der westlichen Welt eine regelrechte Volkskrankheit geworden ist und in sämtlichen Statistiken mindestens als ›Risikofaktor Nr. 2‹ aufgeführt wird. Jeder zweite Deutsche hat Übergewicht. In einer in den USA von der CDC (»Center For Disease Control And Prevention«) veröffentlichten Studie werden 435 000 Rauchertote gegenüber 400 000 ›Übergewichtstoten‹ angegeben. Aufgrund der rapide *steigenden* Tendenz mahnt die Behörde dringend eine größere Beachtung der Gefahren von Übergewichtigkeit an.

Eine großangelegte Studie der Non-Profit-Organisation »RAND« hat sogar ergeben, daß die Folgen des Übergewichts weitaus schlimmer zu bewerten sind als jahrelanges starkes Rauchen oder Alkoholismus. Lebenslange Raucher würden zwar signifikant häufiger an diversen chronischen Leiden erkranken, »doch die Auswirkungen von Rauchen und Armut auf Gesundheit und Lebensqualität waren noch gering im Vergleich mit jenen von Übergewicht.«[23] Was ganz nebenbei daran erinnert, daß der Faktor ›Armut‹ in all diesen Fragen eine nicht zu unterschätzende Rolle spielt.

In aller Munde ist auch die Zivilisationskrankheit ›Streß‹. So gehen Experten des amerikanischen »National Institute of Occupational Safety and Health« davon aus, »daß in den USA die Hälfte aller Krankentage pro Jahr auf Streß zurückzuführen sind: 225 Millionen«.[24] Daß Streß nicht nur eine Modekrankheit ist, zeigen neueste Erkenntnisse über seine komplexen Auswirkungen auf den Stoffwechselhaushalt, den Hormonspiegel oder den Blutdruck. Streß als biochemische Reaktion zur Aktivierung der Überlebensinstinkte (etwa in Form von Adrenalinausschüttung in Gefahrensituationen) ist ein organischer Ausnahmezustand, der in der modernen Leistungsgesellschaft zu einem krankhaften Dauerzustand wird.

Es steht außer Frage, daß sich diese Liste unendlich fortsetzen ließe. Entscheidend aber ist: Die übermäßige Hervorhebung des Rauchens als sowohl *monokausale* wie *multifunktionale* Krankheitsursache ist darauf angelegt, die vielen anderen Risikofaktoren des modernen Lebens entweder zu verharmlosen oder beiseite zu drängen. Ab einem gewissen Punkt ist dies als fahrlässige, wenn nicht gar gezielte Irreführung zu bezeichnen.

Symptomatisch hierfür sind die erregten Proteste von Anti-Raucher-Aktivist Steve Glantz, als in den USA auf die wachsende Bedeutung des Übergewichts hingewiesen wurde: diese Aussagen würden eine unverantwortliche Verharmlosung des Rauchens bedeuten.[25] Ein Hinweis darauf, daß es in der Debatte häufig nicht allein um Gesundheit geht, sondern auch die ›Prestigekämpfe‹ einzelner Interessenverbände eine nicht unwesentliche Rolle spielen. Da kommt es schon mal zu ›Rangeleien‹, wer die größere und bedeutsamere Gesundheitsgefährdung vertritt. Und man ahnt es vage: natürlich geht es dabei auch um sehr viel Geld.

Dabei kann laut einem Artikel der »New York Times« vom 19.12.2004 durchaus ein Zusammenhang zwischen den sinkenden Raucherzahlen und dem Anstieg des Übergewichts hergestellt werden: Die geretteten Raucher sterben nun ersatzweise an Fettleibigkeit.

Es existiert übrigens – als kleine Statistik-Pointe zum Schluß – eine Studie, die ergeben hat, daß Pfeifen- und Zigarrenraucher auf eine geringere Sterbequote kommen als Nichtraucher. Man darf sich fragen, warum diese Studie nicht viel breiter diskutiert wurde. – Die Antwort ergibt sich womöglich von selbst.

Das »P53-Gen«

Nachdem wir uns mühsam durch die medizinisch-statistische Beweiskraft gegen das Rauchen hindurchgekämpft haben, finden wir in einer Ausgabe der »Welt am Sonntag« aus dem Jahr 1996 folgende Meldung: »Amerikanische Forscher haben erstmals nachgewiesen, daß zwischen Rauchen und Lungenkrebs ein direkter Zusammenhang besteht.«[26]

Man stutzt: 1996? Wird damit eingestanden, daß es vorher *nicht* bewiesen war? – Umgehend folgt zwar die Einschränkung, hiermit sei neben statistischen Zusammenhängen und Testergebnissen bei Tieren »nun auch der genetische Beweis erbracht«, dennoch, man wird hellhörig.

John Banzhaf, Vorsitzender der amerikanischen Anti-Raucher-Vereinigung »Action on Smoking and Health«, erklärt jedenfalls unverzüglich: »Wir haben jetzt den Beweis, den wir brauchen. (...) Jetzt können wir auch die letzte Bastion stürmen, in der öffentliches Rauchen noch erlaubt ist – die Bars.«[27]

Auch Banzhaf räumt damit indirekt ein, daß die bereits geltenden Rauchverbote in Restaurants ohne fundierten und gültigen Beweis erfolgt sind – von der verräterischen Freude »letzte Bastionen stürmen« zu dürfen, gar nicht zu reden.

Aber was genau wurde überhaupt bewiesen? – Hintergrund der Meldung ist eine vielbeachtete Studie von Gerd Pfeiffer vom amerikanischen ›Beckman Research Institute‹. Sie behauptet, daß die beim Rauchen entstehende Substanz Benzpyren bei einem Großteil von Krebserkrankungen für Schäden am »P53-Gen« verantwortlich sei. Auf die Schädigung dieses Gens seien, so Pfeiffer, »die Hälfte aller Krebserkrankungen« und immerhin 70 % der Lungenkrebsfälle zurückzuführen.

Damit scheint zum ersten Mal in der Geschichte des Rauchens ein klinischer Beweis für die schädlichen Auswirkungen des Rauchens erbracht worden zu sein. Doch Vorsicht: Die ausschließliche Gleichsetzung von Benzpyren und Zigarettenrauch ist irreführend, weil Benzpyren auch vielfach in der Umwelt vorkommt: in Autoabgasen, Industrieemissionen, bei der Verbrennung fossiler Brennstoffe, in der Nahrung und anderswo. Zudem ist die Mutation (bzw. Deaktivierung) des »P53-Gens« offenkundig nur ein Teil des Prozesses, mindestens so wichtig für die Entstehung von Krebs ist die Mutation des Onkogens und sein unkontrolliertes Wachstum. Deren Ursachen aber werden in der Studie offenbar nicht erfaßt.

Da außerdem die »P53«-Mutationen nur zu 70 % (nach neueren Forschungen zu 60 %) für die Entstehung von Lungenkrebs nachweisbar sind, bleibt ungeklärt, was bei den restlichen 30–40 % der Auslöser ist.

Das soll uns erneut keinen ›Freispruch‹ für Zigarettenrauch liefern. Aber es liefert ein weiteres Beispiel dafür, mit welchem Eifer die Forschung daran arbeitet, den Tabakrauch in seiner Schädlichkeit zu überführen und den Anti-Raucher-Verbänden die Beweise zu liefern, die sie sich von ihren Untersuchungen erhoffen.

Und so kann es auch nicht verwundern, daß die Verkündung dieser Forschungsergebnisse einhergeht mit folgender Aussage: »Dieses Wissen bietet die Möglichkeit, Milliarden von Dollar einzusparen, indem man unnötige Umweltschutzbestimmungen für harmlose Substanzen aufgeben und zugleich die Kontrolle von bekannten Karzinogenen verstärken kann.«[28]

Ein Schelm, wer jetzt darüber nachdenkt, welche Pharmaunternehmen, Chemiekonzerne oder Agrarbetriebe sich über diese Aussagen freuen oder sie vielleicht sogar heimlich finanziert haben.

Raucher sind Schweine

Es ist deutlich geworden: Rauchen ist sicherlich schädlich. Aber wirklich ›harte Beweise‹ für diese Schädlichkeit mit zwangsläufig tödlichem Ausgang gibt es nicht. Statistiken können ohne zusätzliche kausale Beweisführung lediglich Korrelationen herstellen. Womit auch nicht das Gegenteil bewiesen wird. Würde man jedoch nur annähernd soviel Geld in die statistische Erforschung von Krebserkrankungen im Vergleich zwischen Stadt- und Landbewohnern investieren, zu welch besorgniserregenden Ergebnissen würde man kommen?

Denn auch das ist deutlich geworden: Offenkundig spielen die Lebensumstände und die Lebensgewohnheiten der Menschen eine wichtige Rolle bei der Beurteilung ihres Gesundheitszustandes. Hier geht es darum, was man eigentlich sonst noch über den ›typischen Raucher‹ weiß. Die Amerikaner nennen es SES (Social Economic Status). In zahlreichen Studien wurde festgestellt, daß ein deutlicher Zusammenhang zwischen dem Rauchen und einem niedrigen Bildungsstand besteht. Entsprechend wurde belegt, daß ein auffällig hoher Raucheranteil in den unteren sozialen Schichten anzutreffen ist. So kommt Knut-Olaf Haustein, Verfasser eines der aktuellsten Kompendien über die medizinischen Gefahren des Rauchens und Leiter des »Instituts für Nikotinforschung und Raucherentwöhnung« in Erfurt, zu der Feststellung: »Raucher rekrutieren sich besonders aus Haushalten mit einem sehr geringen Einkommen und/oder es handelt sich um Personen, die überwiegend von Sozialhilfe oder Arbeitslosenunterstützung leben.«[29]

Und weiter: »Die höchsten Raucherraten ergeben sich bei den Männern, die eine einfache manuelle Tätigkeit ausüben (Bauhilfsarbeiter, Straßenbauer etc). Bei den Frauen sind es Gastwirtinnen, Altenpflegerinnen, Raumpflegerinnen usw. Diese Ergebnisse decken sich mit den international gemachten Erfahrungen.«[30]

Rauchen ist also offenkundig ein Unterschichtenphänomen; gleichwohl ist nicht zu übersehen, wie hier mit der ganzen Autorität medizinischer Forschung und im Gewande objektiver Wissenschaftlichkeit die soziale Abwertung des Rauchens zur zentralen Botschaft wird – nach dem Motto: die gebildete und erfolgreiche Oberschicht raucht nicht! Jean-Paul Sartre hätte an diesem Psychogramm sicherlich seine Freude gehabt.

Zugleich stellt sich die Frage, was eigentlich damit bewiesen werden soll. Denn natürlich wird niemand bestreiten, daß der ernährungsbewußte, Golf spielende Zahnarzt mit Eigenheim im Grünen *gesünder* lebt als der rauchende Straßenbauarbeiter. Doch das liegt nun wahrlich nicht allein am Rauchen. Es ist vielmehr ein nur allzu vertrautes Phänomen der Menschheitsgeschichte, daß die unteren Gesellschaftsschichten stets über sehr viel weniger Geld, Bildung, Muße, Disziplin und berufliche Wahlmöglichkeiten verfügt haben, als daß sie sich mit allzu großer Hingabe um ihre Gesundheit hätten kümmern wollen oder können. Man darf sogar fragen: Sind wir hier einer ›korrelativen‹ Verwechslung von Ursache und Wirkung auf der Spur? Sterben Raucher früher – *nicht* primär weil sie Raucher sind, sondern weil sie der Unterschicht angehören?

Wie die lateinamerikanische Schriftstellerin Cristina Peri Rossi zudem anmerkt:

»Rauchen ist der unmittelbare Lustgewinn für uns, die wir keine Millionäre sind. Ich habe keinen Hopper oder Turner in meinem Wohnzimmer, und auch keine prächtige Sommerresidenz in der Bucht von Sorrent, ich kann nicht im bestem Viertel der Stadt in einem schalldichten Haus umgeben von Bäumen leben, mit einer großen Bibliothek, einem Spielsalon und einem Filmvorführraum, also rauche ich, es ist eines der billigsten Vergnügen, die ich kenne.«[31]

Rauchen war zudem immer auch ein kulturelles Phänomen: gesellschaftliches Zeichen, Symbol von Klassenzugehörigkeit, Ausdruck von Genußtrends und -moden. Wie wir wissen, gehörten früher besonders die Ärzte zu den eifrigsten Rauchern. Für einen Beruf, der häufig mit Streß verbunden ist, eigentlich nichts Ungewöhnliches. Gleichwohl stecken zweifellos auch ›berufliche Gründe‹ dahinter, daß sie es heute nicht mehr ›dürfen‹, zumindest nicht offiziell.

Italo Svevo fragt sich: »Wäre ich wirklich der ideale, lebenstüchtige Mensch geworden, wenn ich das Rauchen aufgegeben hätte? Vielleicht hat mich gerade dieser Zweifel an mein Laster gefesselt.«[32]

Doch welche Utopie eines schöneren und längeren Lebens darf man sich für die vom Rauchen geheilten Armen und Benachteiligten ausmalen?

»Angenommen (...), daß in einem Lande vor allem sozial Unterschichtige, überproportional Arbeitslose, schlecht Ausgebildete, in miesen Wohnungen Lebende durch Verbote und Argumente allesamt von einem Tag auf den anderen das Rauchen aufgeben müßten – was würde dies an den Lebensumständen insgesamt, also den anderen ›Risikofaktoren‹ ändern? Anders gefragt, würden sie dadurch gesünder, wären ihre Chancen des Lebens höher, würden sie einige Tage, einige Wochen an Lebenserwartung – Erwartung welchen Lebens – gewinnen?«[33]

Das soziologische Raucher-Profil – oder auch: Täter-Profil – reicht aber noch weiter. Bereits der legendäre »Terry-Report« hatte festgestellt, daß Raucher nicht nur bei den allgemein verdächtigen Erkrankungen wie Lungenkrebs eine höhere Sterberate aufweisen. Nein, die Raucher hatten erstaunlicherweise auch in fast allen anderen Kategorien – *inklusive Selbstmord!* – die höchsten Todesraten aufzuweisen.[34]

Andere Studien ergeben, daß Geschiedene (mit 44%) weitaus häufiger rauchen als Verheiratete (26%). Auch die Angaben zu den Arbeitslosen werden bestätigt: mit 47% rauchen sie weitaus häufiger als Erwerbstätige. Als besonders stark rauchende Berufsgruppe hat man außerdem Bus-, Taxi- und Fernfahrer mit jeweils 52% ausgemacht.[35]

In unzähligen weiteren Studien wird belegt, daß Raucher häufig auch mehr trinken, sich häufig schlechter ernähren, fettreicher und vitaminärmer essen, nicht richtig frühstücken, weniger Sport treiben, weniger schlafen und viele andere Verhaltensweisen an den Tag legen, die ebenfalls im Verdacht stehen, das Risiko für bestimmte Erkrankungen zu erhöhen.[36]

Noch völlig unberücksichtigt sind hier die psychischen bzw. psychologischen Komponenten. So hat man festgestellt, daß Raucher generell eine höhere Risikoneigung haben. Raucher sind extrovertierter, sprunghafter, risikofreudiger. Raucher haben auch häufiger Sex. Raucher schnallen sich sogar beim Autofahren tendenziell weniger an![37]

Man möchte fragen: Raucher – sind das allesamt ›Verrückte‹, denen ohnehin nicht zu helfen ist? Reden wir hier tatsächlich noch über die Gefahren des Rauchens? Oder geht es nicht vielmehr generell um die gesundheitlichen Risiken in den Lebensgewohnheiten bestimmter sozialer Gruppen oder Charaktertypen? Haben wir womöglich kein Tabakproblem, sondern in Wahrheit ein generell *menschliches Problem?* Denn mit etwas Ruhe und Abstand könnten wir auch zu dem Schluß kommen, daß Raucher Menschen sind *wie jeder andere auch* – mit Stärken, Schwächen, Träumen, Ängsten. Zu ihnen gehören Akademiker wie Arbeiter, Frauen wie Männer, Beamte wie Lehrer; Künstler, Träumer und Exzentriker; und nicht zu vergessen die unüberschaubare Zahl von im Lande verstreuten Alltagsneurotikern und kleinbürgerlichen Psychopathen. Kurz: ganz normale Leute.

Bei jedem von ihnen sprechen wir über einen einzigartigen Entwurf eines menschlichen Lebens – mit einer Zeitperspektive, die vielleicht 70 Jahre umfaßt, vielleicht nur 50, die vielleicht im nächsten Augenblick vorüber ist.

Und jeder von ihnen lebt etwas anders: Der eine raucht viel, trinkt gerne mal ein Bier, lebt in der Stadt, hat einen stressigen Beruf und Übergewicht. Er ist Feuerwehrmann oder Gesamtschullehrer. Der andere raucht auch, treibt aber viel Sport und achtet auf eine gesunde Ernährung. Er ist Schriftsteller oder Krankenpfleger. Welche gesundheitspolitische Richterinstanz will sich hier anmaßen, ein pauschales Urteil über die eine oder andere Lebensweise zu fällen?

Im Zweifel handelt es sich um Menschen, die nicht auf die Welt gekommen sind, um als Gesundheitswunder statistische Rekorde zu brechen, sondern um zu leben, so gut sie können und so gut es geht. Mit all den Sehnsüchten und Ängsten, Traurigkeiten und Träumen, die zum menschlichen Dasein dazugehören.

Gilt es nicht, dies zu respektieren, diese Freiheit zu verteidigen?

1 Jürgen von Troschke: Das Rauchen. Basel 1987, S. 96 f.
2 Henner Hess, Birgitta Kolte und Henning Schmidt-Semisch: Kontrolliertes Rauchen. Freiburg im Breisgau 2004, S. 73
3 Deutsches Ärzteblatt, Jg. 98/Heft 25, 22.06.2001
4 Henner Hess u. a.: Kontrolliertes Rauchen, S. 73
5 Knut-Olaf Haustein: Tabakabhängigkeit. Köln 2001, S. 15
6 FAZ vom 31.05.2003
7 Gesundheitsbericht 1998 des Statistischen Bundesamtes. Kapitel 4.4 Konsum von Tabak: »Der genaue Einfluß des Rauchens kann nur geschätzt werden, da weitere Faktoren, wie z.B. Ernährungsgewohnheiten (…) einen Einfluß ausüben und die Gesundheitsgefahr verstärken können.«
8 Klaus Dörner: Die Gesundheitsfalle. München 2003, S. 23

9 Was auch von führenden Experten wie Knut-Olaf Haustein bestätigt wird, siehe: Haustein: Tabakabhängigkeit, S. 47

10 Physicians Committee for Responsible Medicine, 1997, Volume VI, Nr. 2
http://www.pcrm.org/magazine/GM97Spring/GM97Spring3.html
Oder auch: http://earthsave.bc.ca/animalvoices/reines.htm

11 Antivivisektion e. V. – Tierversuchsgegner Rhein-Ruhr:
http://www.tierversuchsgegner.org/Tierversuche/plagiate.html

12 Jacob Sullum: For Your Own Good, S. 70 f.

13 Dr. Frank Naumann: Rauchen und gesund bleiben. Niedernhausen 2000, S. 37

14 Gesundheitsbericht 1998, Kapitel 3.3 – Sterblichkeit nach ausgewählten Todesarten

15 Weil sich auch bei vielen anderen Krebsarten besonders häufig Metastasen in der Lunge bilden, wird in der Regel nicht der ursprüngliche Krebs, sondern Lungenkrebs diagnostiziert. Dieser Sachverhalt wird auch in der Antwort der Bundesregierung auf die Kleine Anfrage der Abgeordneten Vogt u. a. von 1974 (Drucksache 7/2070) bestätigt.

16 Lauren A. Colby: In Defense Of Smokers, Frederick, Md. 1999, Chapter 2, S. 2

17 Ebd. Chapter 8

18 Jacob Sullum: For Your Own Good, S. 42 f. (cdc.gov./tobacco/research_data/economics/consump1.htm)

19 Jacob Sullum: For Your Own Good, S. 89

20 Lauren A. Colby: In Defense Of Smokers.
http://www.lcolby.com, Chapter 3, S. 1 f.

21 Ebd. Chapter 5, S. 3

22 Ebd. Chapter 3, S. 2

23 Süddeutsche Zeitung vom 11. 06. 2001

24 Geo 03/2002, S. 154

25 Süddeutsche Zeitung vom 28. 05. 2004

26 Welt am Sonntag vom 20. 10. 1996 (nach einer AFP-Meldung)

27 Ebd.

28 Dr. John Kovach, Executive Vice President am Beckman Research Institute:
http://www.docguide/dg.nsf/PrintPrint/447E54413D1F7EC7852563C7006AFC43

29 Knut-Olaf Haustein: Tabakabhängigkeit, S. 52

30 Ebd. S. 54

31 Cristina Peri Rossi: Die Zigarette. Berlin 2004, S. 103

32 Italo Svevo: Zeno Cosini, S. 37

33 Peter Atteslander: Die »Tabakfrage« aus der Sicht eines empirischen Sozialforschers. In: Thomas Hengartner und Christoph Maria Merki (Hg.): Tabakfragen. Zürich 1996, S. 208

34 Lauren A. Colby: In Defense Of Smokers, Chapter 7, S. 2

35 Pressemitteilung des Statistischen Bundesamtes vom 27. 7. 2000

36 Knut-Olaf Haustein: Tabakabhängigkeit, S. 45; Jacob Sullum: For Your Own Good, S. 168

37 Jacob Sullum: For Your Own Good, S. 248

Alarmstufe rot: Das Passivrauchen

»If you can smell it, it may be killing you.«
John Banzhaf[1]

Ohne jede Umschweife ist die erregte Debatte um die vermeintlichen Gefahren des Passivrauchens als das mit Abstand ärgerlichste und mit Sicherheit unseriöseste Kapitel der jüngsten ›Anti-Raucher-Geschichte‹ zu bezeichnen. Die Motive sind klar: der angebliche Nachweis der Schädlichkeit des Passivrauchens ist zum wichtigsten Instrument für die Durchsetzung öffentlicher Rauchverbote geworden.

In Irland, Norwegen und Italien gelten bereits strikte Rauchverbote in öffentlichen Gebäuden, Bars und Restaurants. In Italien kann das Rauchen neben einer Schwangeren oder Kindern mit einem Bußgeld belegt werden; Gastwirte sind verpflichtet, rauchende Gäste anzuzeigen! In Schweden ist im Juni 2005 ein generelles Rauchverbot in Kraft getreten. In England und Schottland sind weitreichende Rauchverbote in Planung.

Die Verhältnisse in Deutschland sind da noch als vergleichsweise ›liberal‹ zu bezeichnen, obwohl auch hier immer strengere Verbote gelten. Seit März 2005 besteht eine »freiwillige Vereinbarung« zwischen der Bundesregierung und dem Deutschen Hotel- und Gaststättenverband, laut der bis zum Jahr 2008 90 % aller Speiselokale (mit einer Fläche über 75 m²) die

Hälfte ihrer Plätze als Nichtraucherzone ausweisen müssen. Was hier allerdings »freiwillig« bedeutet, wird in einer Mitteilung der Drogenbeauftragten der Bundesregierung Marion Caspers-Merk deutlich: Sollten Kontrollen ergeben, daß die ›freiwillige Vereinbarung‹ nicht eingehalten wird, »steht immer noch der Weg frei, das gesetzlich zu regeln.«[2]

Tatsache ist: Weltweit gilt heute das Passivrauchen als ein Gesundheitsrisiko, das massive Rauchverbote im öffentlichen Raum rechtfertigt. Dabei soll gar nicht bestritten werden, daß das Passivrauchen ein durchaus heikles Thema ist. Für Nichtraucher – aber auch für Raucher – können verqualmte Räume in der Tat zur extremen Belästigung werden. Bei empfindsamen Menschen können sie Hustenreiz, tränende Augen oder auch Kopfschmerzen auslösen. Insofern gibt es für das Problem Passivrauchen als ›sozialen Konfliktstoff‹ keine einfache Lösung. Und es ist einzuräumen, daß die teilweise exzessiven Rauchsitten während der 60er und 70er Jahre durchaus ihren Anteil an der Polarisierung der Debatte tragen.

Trotzdem, eine ›Belästigung‹ allein ist noch lange kein Grund für ein Verbot. Offenkundig besteht ein erheblicher Unterschied zwischen einer (wie auch immer gearteten) ›*Belästigung*‹ und einer vom Gesetzgeber zu regelnden ›*Gesundheitsgefährdung*‹. In diesem Sinne liest sich die ›Geschichte des Passivrauchens‹ als Chronik einer kontinuierlichen Umwandlung: aus *Belästigung* wird ein akutes *Gesundheitsrisiko*.

So ging es noch *ausschließlich* um die *Beseitigung einer Belästigung*, als Anfang der 70er Jahre in Europa und den USA in

Bussen, Zügen und Flugzeugen die Trennung von Rauchern und Nichtrauchern eingeführt wurde. Zwar stand das aktive Rauchen bereits seit Mitte der 60er Jahre massiv in der Kritik, aber eine *medizinische* Vorkehrung zum Schutz von *Nichtrauchern* waren diese Maßnahmen noch nicht.

Das änderte sich, als 1972 der US-Surgeon General Jesse Steinfeld in seinem Jahresbericht zum ersten Mal die Auffassung vertritt, daß das Passivrauchen womöglich gegen die Grundrechte verstößt: »Es ist an der Zeit, daß wir die ›Bill of Rights‹ auf Nichtraucher genauso anwenden wie auf Raucher.« Und weiter: »Rauchen sollte in Restaurants, Theatern, Flugzeugen, Bussen und Zügen verboten werden.«[3]

Diese Überlegungen wurden umgehend von John Banzhaf, dem Vorsitzenden der Anti-Raucher-Vereinigung »Action on Smoking and Health« (ASH), aufgegriffen und führten zum Slogan: »Please Put Your Cigarette Out; the Smoke Is Killing Me.«[4]

Damit war – gleichsam im Handumdrehen – aus einer Belästigung eine tödliche Bedrohung geworden und den Rauchgegnern ein vielseitiges Propagandainstrument im Kampf gegen die öffentlichen Rauchsitten an die Hand gegeben. Was allerdings noch lange Zeit fehlte, das waren Beweise!

Dementsprechend unermüdlich wurde seit Beginn der 80er Jahre nach Hinweisen gesucht, die die Gefahren des Passivrauchens beweisen sollten. Es begann, wie es der Mediziner Karl-Heinz Jöckel formuliert, »die anscheinend unendliche Geschichte des Methodenstreits um die Belastbarkeit epidemiologischer Resultate zum Passivrauchen«.[5] Tatsache ist: Während zahlreiche Studien einen Zusammenhang zwischen Passivrauchen und einem erhöhten Risiko nahelegen, kommen viele andere Studien zu dem Ergebnis, daß dieser Zusammenhang nicht nachzuweisen ist.[6]

Die Anti-Raucher-Bewegung störte das wenig. Als 1986 in den USA Surgeon General C. Everett Koop und das »National Research Council« das Passivrauchen zu einem »ernsthaften Gesundheitsrisiko« (»a serious health hazard«) erklären, ist dies die große Stunde von Anti-Raucher-Aktivist Steve Glantz: Statt die immer kleiner werdende Gruppe der *Raucher* von der Zigarette abbringen zu wollen, soll sich die Bewegung auf die Mehrheit der *Nichtraucher* und ihr Recht auf frische Luft konzentrieren.[7] Der angebliche Beweis für die Schädlichkeit des Passivrauchens wird zum Kernstück der Kampagne. Glantz erklärt: »Der entscheidende Beitrag der Wissenschaft liegt darin, daß sie die Abneigung der Menschen gegen Zigarettenrauch auf eine legitime Grundlage stellt. Und das ist eine starke emotionale Kraft, die genutzt und eingesetzt werden muß.«[8]

Zwei Jahre später werden durch den amerikanischen Kongreß auf allen Inlandsflügen (mit Ausnahme von Alaska und Hawaii) Rauchverbote erlassen. Eine Welle von Gesetzesvorlagen führt zu ersten Einschränkungen des Rauchens in öffentlichen Gebäuden und Restaurants.

Schließlich wird 1990 durch eine Vorab-Veröffentlichung der amerikanischen Umweltschutzbehörde (»Environmental Protection Agency« – kurz EPA) bekannt, daß sich die Behörde mit Untersuchungen über eine mögliche Klassifizierung des

Passivrauchens als »karzinogen« befaßt. Es kommt umgehend zu weiteren Rauchverboten in Restaurants und an Arbeitsplätzen in über 40 Städten. Im 1993 publizierten Abschlußbericht der EPA wird das Passivrauchen dann endgültig als krebserregend der Klasse A (wie Radon und Asbest) klassifiziert und zugleich für 3000 Lungenkrebserkrankungen jährlich verantwortlich gemacht.

Bis zum heutigen Tag ist die EPA-Studie das Herzstück für die immer noch anhaltende Verbotswelle in öffentlichen Gebäuden, Büroräumen und Restaurants in den USA; in New York und anderswo auch in Bars, in Kalifornien sogar an Stränden und in Parks. Die europäischen Auswirkungen kennen wir bereits; wobei nichts darüber hinwegtäuschen kann, daß die große Hysterie um das Passivrauchen eine *amerikanische Erfindung* ist.

Die entscheidende Frage aber lautet: was geben die sogenannten ›Beweise‹ tatsächlich her? Wie sind die vermeintlichen Gefahren überhaupt zu *messen?* Allein die äußerst schwierige Beweislage beim *aktiven Rauchen* führt vor Augen, wie ungeheuer problematisch die Beweisführung für das Passivrauchen sein muß.

Mehr als fragwürdig ist außerdem das Bemühen, »passives Rauchen« *pauschal* als krebserregend einzustufen, was die Annahme unterstellt, daß selbst der passive Rauch *einer einzigen Zigarette* bereits diesen Tatbestand erfüllt – was offensichtlich abwegig ist. ›Verhaltensabhängige Umweltsituationen‹ als krebserregend einzustufen ist Unsinn – ein fahrendes Auto, um ein Beispiel zu nennen, ist nicht *per se* krebserregend, krebserregend sind *Substanzen*, in diesem Fall Autoabgase, und entscheidend sind dabei die Konzentration und die Menge.

Im Vergleich zwischen Raucher und Passivraucher ist außerdem zu berücksichtigen, daß ein erheblicher Unterschied besteht zwischen dem aus dem Zigarettenende direkt in die Lunge inhalierten, *konzentrierten Rauch* und einem in der Raumluft verteilten Rauchgemisch aus ›Nebenstrom‹ und ausgeatmetem ›Hauptstrom‹. Der Rauch verdünnt sich nicht nur, er altert auch, gewisse Mikroteile fallen umgehend zu Boden oder haften an Oberflächen; auch werden zahlreiche gasförmige Substanzen nach wenigen Sekunden in der Atmosphäre wieder abgebaut. In Luftproben aus realen Raumsituationen konnten daher nur geringe Mengen der sonst üblichen chemischen Zusammensetzung von Zigarettenrauch nachgewiesen werden.[9] Es ist daher außerordentlich irreführend, wenn regelmäßig behauptet wird, daß Passivrauchen sogar gefährlicher sei als aktives Rauchen, weil der Rauch aus der Zigarettenspitze um ein Vielfaches giftiger sei als der inhalierte Rauch. Das mag *an sich* richtig sein, aber die Aussage ignoriert die Tatsache der rapiden Verdünnung des Rauchs in der Umgebung sowie die viel diffusere ›Aufnahmeform‹. Zudem ist jeder *aktive Raucher* immer auch ein *passiver Raucher*, weshalb die Aussage in doppelter Hinsicht irreführend ist.

Zumindest wird nachvollziehbar, wie schwer es ist, seriöse Messungen durchzuführen. Entscheidend aber ist: Was gelangt in den Körper? Dazu hat man die im Urin von Passivrauchern vorkommende Menge von Cotinin (einem spezifischen Metaboliten des Nikotins) mit den Werten von aktiven Rauchern verglichen. Die Messungen bei Passivrauchern ergaben Werte, die bei etwa 0,1–2 % von den bei aktiven Rauchern nachgewiesenen Werten lagen, was der Menge von etwa 0,1–1 Zigaretten am Tag entspricht.[10] Andere Untersuchungen ergaben Werte, die nicht über das Äquivalent von *1 Zigarette pro Jahr* hinausgingen. Der realistische Durchschnitt liegt wohl etwa bei einer Teer- und Nikotinmenge von ca. 6 Zigaretten im Jahr. (So auch die Schätzung des Oak Ridge National Laboratory.)[11] Selbst die Messungen der EPA ergaben ein Äquivalent von lediglich 0,1–0,2 Zigaretten pro Tag.[12]

Daß aufgrund dieser stark voneinander abweichenden Meßergebnisse viele Fragen offen bleiben, haben auch die Behörden gemerkt. Vor allem stellt sich die Frage, inwiefern diese extrem geringen Mengen an Passivrauch als ein Gesundheitsrisiko anzusehen sind, das der staatlichen Regulierung bedarf.

Zur Beantwortung dieser Frage – man wundere sich nicht – blieb auch beim Passivrauchen nichts anderes übrig, als auf statistische Studien zurückzugreifen. Den Kern dieser Studien bilden ›lebenslange Nichtraucher‹, die mit einem ›rauchenden Partner‹ zusammenleben – im Vergleich zu absoluten Nichtraucherpaaren. Studien am Arbeitsplatz kommen seltener vor, weil sie wegen wechselnder Arbeitsverhältnisse über einen längeren Zeitraum sehr viel schwieriger durchzuführen sind. Aber auch bei den »Raucher/Nichtraucher-Paaren« sind die Widrigkeiten einer präzisen Datenerfassung offensichtlich: die Studien sind abhängig von den Eigenangaben der involvierten Personen; die konkrete Belastung hängt von ständig schwankenden Faktoren (räumliche Situation, Dauer der Belastung und Belastungsmenge) ab; auch Einflüsse wie Ernährung, Fitneß, berufliche Faktoren müssen in der gesundheitlichen Entwicklung der Probanden berücksichtigt werden.

Die herausragende Bedeutung der legendären EPA-Studie (neben ihrem politischen Gewicht) besteht darin, daß sie als »Meta-Analyse« auf eine große Zahl an bereits vorliegenden Studien zurückgreift und diese auswertet. Wie Jacob Sullum allerdings darlegt, waren bei der großen Mehrheit der vorliegenden 33 Studien keine statistischen Signifikanzen zwischen Passivrauchen und Lungenkrebs festgestellt worden.[13] Zugleich wurden nur 11 dieser Studien in die Metastudie aufgenommen. Trotz dieser vermeintlich ›tendenziösen‹ Vorauswahl konnte noch immer kein erhöhter Risikofaktor für das Passivrauchen festgestellt werden. Die EPA verdoppelte daraufhin *nachträglich* das zugrundeliegende Konfidenzintervall (ein statistisches Parameter, das entscheidenden Einfluß auf die Höhe des Resultats hat) von 95% auf 90% – und kommt so schließlich auf ein relatives Risiko von 1,19.[14]

Ein statistisch gesehen höchst fragwürdiges Ergebnis. Zu diesem Schluß kam auch ein amerikanischer Bundesrichter in North Carolina, der 1998 die Warnungen der EPA zu den Gefahren des Passivrauchens per Gerichtsurteil für ungültig erklärte. In dem Urteil wird der Behörde vorgeworfen, daß sie gegen ihre eigenen wissenschaftlichen Standards (gemäß dem sog. »Radon-Act«) verstoßen habe, bei der Auswahl der Studien tendenziös vorgegangen sei sowie offenkundig *vor Abschluß der Studie* durch die Vorab-Veröffentlichung bereits ihr Urteil gefällt hatte.[15]

Doch nicht genug der Kuriositäten: Denn dies war nicht das erste Mal, daß die EPA durch fragwürdige Methoden auf sich aufmerksam machte. Im August 2003 hatte die Behörde zum Erstaunen weiter Teile der amerikanischen Öffentlichkeit bekannt gegeben, daß sie für die Reglementierung des Treibhausgas-Ausstoßes nach den Richtlinien des »Clear-Air-Act« nicht zuständig sei. 12 US-Bundesstaaten hatten daraufhin Klage beim Bundesgericht in Washington eingereicht.

Ebenfalls für Schlagzeilen sorgte die EPA, als sie eine Woche nach den Anschlägen in New York verkündete, daß von den ausströmenden Gaswolken am Ground Zero keinerlei gesundheitliche Gefahren ausgehen. Wie ein Untersuchungsbericht zu den Vorgängen feststellte, war dies nicht nur aufgrund dramatisch erhöhter Asbest- und Dioxinwerte schlichtweg *falsch*, sondern offensichtlich auf Druck der Regierung in Washington erfolgt. So wird New Yorks Bürgern einerseits wochenlang die Harmlosigkeit hochgiftiger Gasgemische vorgegaukelt, andererseits werden mit Hilfe manipulierter Zahlen selbst geringe Mengen an Passivrauch zu gigantischen Schreckensszenarien aufgebauscht.

Noch entscheidender aber ist: Selbst das von der EPA mit großem Aufwand ermittelte relative Risiko (RR) von 1,19 stellt *in keiner Weise ein signifikantes Ergebnis dar.* – Wie auch? Ein Risikofaktor von 1,19 bedeutet eine Erhöhung des Lungenkrebsrisikos um 19%. Bei einem statistischen Risiko von etwa 0,34%, als reine Nichtraucherin (= ohne Passivrauchen) an Lungenkrebs zu erkranken, bedeutet dies eine Erhöhung auf ein Risiko von 0,41%.[16] Weil schon das Grundrisiko so extrem gering ist, würde selbst eine Verdoppelung – also um 100% – nicht genügen, um daraus eine Bedrohung zu machen.

Zahlreiche Studien kommen zu ähnlichen Ergebnissen: Eine vielbeachtete Studie von Fontham et al. aus dem Jahre 1994 hat ein relatives Risiko von 1,29 ergeben. Eine von der WHO 1998 veröffentlichte Fallstudie ergab ein relatives Risiko von 1,16. Eine großangelegte Studie von Hackshaw et al. aus dem Jahre 1997 ergab ein relatives Risiko von 1,34 bei Männern, bei Frauen von 1,24. Auch eine im Mail 2003 von James Enstrom (University of California, L. A.) und Geoffrey Kabat (Universität in New Rochelle, N. Y.) veröffentlichte Studie mit über 35 000 Raucher/Nichtraucher-Paaren, die von 1959–1997 regelmäßig kontrolliert worden waren, bestätigt diese Ergebnisse: es gibt kein signifikant erhöhtes Risiko! Im übrigen auch seien die bislang angenommenen 30% erhöhtes Herzerkrankungsrisiko aufgrund der Daten nicht haltbar.[17]

Wie ein spitzfindiger ›Pro-Raucher-Aktivist‹ festgestellt hat: Letzten Endes geht vom Passivrauchen ein geringeres Risiko aus als von grünem Tee oder regelmäßigem Milch-Konsum, ganz zu schweigen von der extremen Bedrohung durch die Haltung eines Hausvogels. Von der Milch abgesehen eine sicherlich gewagte und anfechtbare Aussage – man könnte einfach Salz und Zucker nennen.

Entscheidend bleibt: Die wissenschaftliche Erforschung des Passivrauchens war von Beginn an mit dem klaren Ziel verbunden, mit Hilfe medizinischer Argumente die Entfernung der Raucher aus dem öffentlichen Raum voranzutreiben. Mit Gesundheit haben diese Bemühungen nur wenig zu tun.

Schon heute ist absehbar, daß die bislang geltenden öffentlichen Rauchverbote nicht der letzte Schritt sein werden. In Amerika, für seine weltweite Vorreiterrolle in Sachen Passivrauchen gefürchtet, zeichnen sich erste Eingriffe im privaten Bereich ab: In der amerikanischen Fernseh-Dokumentation »Die letzte Zigarette«[18] wird über den Fall eines Mannes berichtet, der in seiner Garage Zigarren geraucht hatte und daraufhin von der Bewohnerin der darüberliegenden Wohnung wegen Belästigung angezeigt wurde. Anti-Raucher-Lobbyist John Banzhaf hat die Forderung gestellt, daß in strittigen Sorgerechtsfällen der Faktor Rauchen ausschlaggebend sein solle, daß heißt, rauchenden Elternteilen solle das Sorgerecht entzogen werden; was in einigen Fällen bereits zur Anwendung gekommen ist. Besonders radikale Eiferer fordern, daß man Eltern, die vor ihren Kindern rauchen, wegen Kindesmißbrauchs belangen sollte.[19]

Eine Steigerung der Hysterie ist immer möglich: Wie Untersuchungen amerikanischer Forscher ergeben haben, sind auch Kinder von Eltern, die *nicht* in deren Gegenwart rauchen, durch Passivrauch gefährdet. Die Untersuchungen legen nahe, daß sich der Rauch der umsichtigen ›Draußen-Raucher‹ in deren Haaren und Kleidern festsetzt und auf diesem Wege das ›Gift‹

ins Haus gelangt. Daher wird auch empfohlen, daß man vor dem Kauf eines Gebrauchtwagens oder dem Einzug in eine Mietwohnung sich über die Rauchgewohnheiten der Vorbesitzer informieren sollte.[20]

So wird mit Hilfe medizinischer Totschlag-Argumente die Öffentlichkeit in Angst und Schrecken versetzt – mit dem einzigen Ziel, die langjährige, meist friedfertige Koexistenz von Rauchern und Nichtrauchern zu zerstören.

Dabei könnte mit ein wenig Gelassenheit und Rücksichtnahme alles so einfach sein. Ein legitimer Grund, das Rauchen an bestimmten Orten einzuschränken, kann die mit dem Rauchen verbundene Belästigung sein. Niemand muß immer und überall rauchen! Eine gewisse Zurückhaltung zu üben steigert eventuell sogar den Genuß. So ist die Einführung von Raucherzonen auf Flughäfen und Bahnhöfen als durchaus sinnvoller Kompromiß anzusehen. Auch auf öffentlichen Ämtern *muß* man nicht zwingend rauchen. Komplizierter wird die Situation am Arbeitsplatz; hier sollten individuelle Lösungen erzielt werden – wie es auch heute schon vielfach oder immer noch stattfindet.

Entscheidend aber ist die Geisteshaltung. Es gibt keinen Grund, bei gemäßigtem Rauchen in gesundheitliche Panik zu verfallen. In Restaurants und Bars sollte es den Pächtern oder Inhabern überlassen bleiben, ob und wo sie das Rauchen einschränken oder verbieten. *Kneipen sind nicht als Sanatorien konzipiert!* Ihre Betreiber sind freie Unternehmer, ihre Gäste sind freiwillige Kunden. Niemand ist gezwungen, ein bestimmtes Lokal aufzusuchen. Freie Bürger und freie Unternehmer können freie Entscheidungen treffen – in Form von Nichtraucherlokalen, Raucherlokalen oder auch gemischten Lokalen mit getrennten Abschnitten.

Doch derlei Vorschläge sind den Gegnern des Rauchens viel zu pragmatisch und sicherlich auch viel zu versöhnlich.

1 http://www.no-smoking.org/march99/03-24-99-8.html
2 Ärztezeitung vom 13. 1. 2005
3 Jacob Sullum: For Your Own Good, S. 144
4 Ebd. S. 145
5 Karl-Heinz Jöckel: Gesundheitsrisiken durch Passivrauchen. In: Deutsches Ärzteblatt 97, Ausgabe 43 vom 27. 10. 2000. Wobei zu betonen ist, daß Jöckel die Risiken als bewiesen betrachtet.
6 Hans Marquardt und Siegfried G. Schäfer (Hg.): Lehrbuch der Toxikologie. Heidelberg, Berlin 1997, S. 603; Sullum: For Your Own Good, S. 148 f.
7 Jacob Sullum: For Your Own Good, S. 149 f.
8 Ebd. S. 147
9 Ebd. S. 162. Auch: Lexikon der Toxikologie, S. 604
10 Jacob Sullum: For Your Own Good, S. 162
11 Ebd. S. 163
12 Judge Osteen: The United States Federal Court Decision, S. 56 – http://forces.org/evidence/epafraud/files/damn.htm
13 Jacob Sullum: For Your Own Good, S. 165
14 Ebd.
15 Für das komplette Urteil im Wortlaut:
http://forces.org/evidence/epafraud/files/damn.htm
16 Jacob Sullum: For Your Own Good, S. 172 f.
17 Insbesondere die Studie von Enstrom/Kabat hatte einen Sturm der Entrüstung losgetreten. Den Forschern wurde vorgeworfen, ihre Studie basiere auf unscharfen Kriterien, würde nur die Situation in der Ehe berücksichtigen und sei außerdem von der Tabakindustrie unterstützt worden. Letz-

teres stimmt sogar: Auch aus diesem Grund hatten diverse Medizinjournale die Veröffentlichung der Studie abgelehnt, bis sich schließlich das angesehene »British Medical Journal« nach eingehender Prüfung bereit erklärte, die Studie abzudrucken. Ausschlaggebend hierfür war wohl ihre wissenschaftliche Makellosigkeit.

Und das war in der Tat nicht allein das Verdienst der beiden Wissenschaftler. Das Datenmaterial, auf das sie zurückgegriffen hatten, war nämlich nicht von ihnen selbst erhoben worden. Es war die gänzlich unverdächtige »American Cancer Society« gewesen, in deren Auftrag die fast 40jährige Datenerhebung erfolgt war. 1997 war die Studie dann plötzlich abgebrochen worden – und der Verdacht drängt sich auf: wegen des sich abzeichnenden Ergebnisses.

Enström und Kabat, beide übrigens überzeugte, lebenslange Nichtraucher mit einer durchaus kritischen Haltung zum aktiven Rauchen, hatten also lediglich die bereits vorliegenden Daten ausgewertet.

18 Ausgestrahlt im Bayerischen Fernsehen am 31.08.2003
19 Jacob Sullum: For Your Own Good, S. 158
20 http://Spiegel.de/wissenschaft/mensch/0,1518,287820,00.html

Das Horrorkabinett der Mikrogifte

Ich gestehe, es ist der Tabak eine von Gott geschaffene Pflanze, die viele bewundernswerte Eigenschaften hat. Nach meiner bescheidenen Meinung lag es in Gottes Absicht, als er die Christen bei den Indianern dieses Kraut entdecken ließ.

(Der holländische Arzt Gilles Everaert, 1587[1])

Unermüdlich werden die zahllosen Schadstoffe und Mikrosubstanzen aufgelistet, die im Tabak einer Zigarette enthalten sind; erst jüngst wieder durch das Verbraucherschutzministerium. Die Zigarette als hinterhältiges ›dämonisches Monster‹, so harmlos und scheinheilig – in Wahrheit aber, in seine Teile zerlegt, nichts anderes als eine Ansammlung Tausender tödlicher Gifte.

Man kann es aber auch anders sehen: die Tabakpflanze, Nicotina tabacum, als ein faszinierendes ›Wunder der Natur‹. Wie die Kartoffel und die Tollkirsche gehört sie zu den Nachtschattengewächsen und ist die weltweit verbreiteteste, nicht eßbare Kulturpflanze mit über 700 Arten. Das berühmt-berüchtigte Nikotin, ein hochgiftiges Alkaloid, produziert die Pflanze in ihren Wurzeln und speichert es, vor allem zum Schutz gegen Insektenfraß, in ihren Blättern.

Auch heute noch werden besonders nikotinhaltige Sorten der Tabakpflanze zur Herstellung von Pflanzenschutzmitteln verwendet. Das erklärt, warum Zigarettenrauch so wirksam Insekten abhält.[2]

Die Pflanze gedeiht am besten in Nord- und Südamerika, China, Indien und in der orientalischen Türkei. Ursprünglich aber kommt sie aus Amerika, wo die Entdecker des neuen Kontinents sie von den Indianern übernommen und nach Europa gebracht haben.

Das Nikotin

Das Nikotin gilt als hochgiftig, was immer wieder mit Hilfe drastischer Vergleiche hervorgehoben wird: So sagt man, daß das reine Nikotin von nur sechs Zigaretten (= eine Dosis von 50 mg), bei einem Erwachsenen in die Vene injiziert, bereits tödlich sein kann. Zugleich können solche Vergleiche kaum ihren polemischen Charakter verbergen, denn natürlich würde sich niemand pures Nikotin in die Vene spritzen. Es spritzt sich ja auch niemand Schokolade oder puren Alkohol in die Vene. Die Giftigkeit von Substanzen hängt zudem maßgeblich von der Quantität und der Einnahmeform ab.

Man könnte es sogar als Argument für den Raucher nehmen – er raucht es *intelligent dosiert.* Jedenfalls ist noch keiner der Millionen bzw. Milliarden von Rauchern an einer unmittelbaren Nikotinvergiftung gestorben. Im Gegenteil, die Nikotinmenge einer Zigarette wird sogar relativ leicht innerhalb von 20 Minuten vom Körper abgebaut.

Durch das Inhalieren wird das Nikotin über die Lungenbläschen (Alveolen) in die Blutbahn aufgenommen und gelangt innerhalb von 7 Sekunden in das Gehirn, von wo es seine Wirkung auf das vegetative Nervensystem ausübt. Beim ersten Lungenzug an einer Zigarette hat dieser Vorgang einen durchaus respekteinflößenden Effekt: Schwindelgefühle, Husten, Übelkeit, in einigen Fällen auch Magenschmerzen.

Daß diese Auswirkungen nicht zu einer abrupten Abkehr von der Zigarette führen, mag auf den ersten Blick überraschen. Wenn man es genauer betrachtet, dann ist es im Verlauf eines Menschenlebens aber keineswegs ungewöhnlich, daß der Körper auf neue und ungewohnte Erfahrungen zunächst mit Abwehr reagiert: etwa bei Babys während der Umstellung auf Festnahrung oder bei Kindern, die auf längere Autofahrten mit Übelkeit reagieren. So widerstandsfähig unser Körper auch ist, er ist zugleich sehr empfindlich. Seefahrer werden seekrank, Sportler müssen mit Verletzungen rechnen, und wer das erste Mal einen Nagel einschlägt, wird womöglich seinen Daumen treffen. Selbst wenn wir laufen lernen, sind schmerzhafte Begleiterscheinungen unvermeidlich – vielleicht sogar nötig. Und trotzdem tun wir es.

Anders gesprochen: die Unwohlgefühle beim ersten Zigarettenzug eignen sich nicht als Argument für seine Schädlichkeit.

Für den eingewöhnten Raucher hingegen hält die Nikotinaufnahme eine faszinierende Kombination aus einer anregenden und zugleich beruhigenden Wirkung bereit, die man auch als »Nesbitt'sches Paradox« bezeichnet und die aus Sicht des Rauchers seine wunderbare und wohltuende Qualität ausmacht.

Die Ursache für diesen merkwürdigen ›Doppeleffekt‹ liegt

in der gleichzeitigen Wirkung des Nikotins auf den Sympathikus und den Para-Sympathikus. Es kommt zur Ausschüttung unterschiedlicher Neurotransmitter wie Noradrenalin, Serotonin und Dopamin in den sympathischen Nervenendigungen sowie von Adrenalin und Noradrenalin aus dem Nebennierenmark. Mit diesen biochemischen Reaktionen wird heute auch vorwiegend der physiologische Suchtfaktor des Nikotins erklärt. Serotonin wird auch als »Glückshormon« bezeichnet; durch die Stimulation der Dopamin-Konzentration entsteht eine enge Verbindung zum sogenannten »dopaminergen Belohnungssystem«, das Vorgänge wie Essen, Trinken und Sexualität im Menschen mit einem Wohlgefühl verknüpft. Man könnte auch sagen: deshalb macht Rauchen ›glücklich‹.

Zu einem weiteren Effekt des Nikotins zählen eine Verengung der Gefäße und eine erhöhte Herzfrequenz, zugleich sind das subjektive Erleben von Konzentrationssteigerung und eine Erhöhung der Gedächtnisleistung aufgrund des Noradrenalins biochemisch verifiziert. In Tierversuchen hat man zudem herausgefunden, daß das Nikotin zur Minderung aggressiven Verhaltens führt.[3]

Über viele Jahrhunderte wurde die Tabakpflanze als Schmerzmittel, zur Desinfektion, als Abführ- und Beruhigungsmittel eingesetzt. Die Indianer schätzten es als Mittel gegen Müdigkeit und Hunger, aber auch gegen Kopfschmerzen und Atemwegsprobleme. Jean Nicot, zu dessen Ehren das Nikotin später seinen Namen erhielt, empfahl es 1559 für die Behandlung von Geschwüren, Verletzungen und Tumoren. Nicolò Monardes, ein

Mediziner aus dem 17. Jahrhundert, pries es als Mittel gegen Husten, Asthma und Zahnschmerzen. Die Aufzählung wäre unendlich fortzuführen.

Erst im Verlauf des späten 19. Jahrhunderts sank allmählich das Ansehen des Tabaks. In der modernen Forschung hat man sich nahezu ausschließlich auf den Nachweis seiner Schädlichkeit verlegt, vereinzelte Ausnahmen wie Untersuchungen über die Wirksamkeit von Nikotin gegen Alzheimer und die Parkinsonsche Krankheit[4] finden nur geringes publizistisches Interesse, und Beispiele aus Amerika belegen, daß ›positive‹ Forschungsmeldungen zum Tabak als nicht opportun gelten und häufig mit Sanktionen beantwortet werden.[5]

Doch gilt das Nikotin keineswegs als die schädlichste Substanz im Tabakrauch. Seinen schlechten Ruf verdankt es vor allem der Tatsache, daß ihm die suchtauslösende Wirkung zugesprochen wird. Als sehr viel schlimmer gelten die unzähligen Nebenstoffe, die beim Rauchen einer Zigarette entstehen und im Körper aufgenommen werden.

Der Feind in der Überzahl

Wie allen einschlägigen Veröffentlichungen zu entnehmen ist, entsteht beim Abbrennen einer Zigarette aus dem Gemisch von Tabak, Papier und Feuer ein Sammelsurium von über 3800 (neueste Forschungen sprechen von über 5000) chemischen, zum Teil äußerst giftigen Substanzen.[6] – Auch wenn nach genauerer Betrachtung etwa 200 Substanzen als hochgiftig und etwa 40 Substanzen als krebserregend übrig bleiben – kaum eine Veröffentlichung unterdrückt ihr stilles ›Triumphgefühl‹ bei der Nennung dieser Zahlen.

Als eine der gefährlichsten Substanzen gilt das *Kondensat* – ein Sammelbegriff für eine ganze Reihe teerartiger Stoffe (Aldehyde, Amine, Phenole), die für die Hauptschäden an den Schleimhäuten und Flimmerhärchen in der Lunge verantwortlich gemacht werden. Laut Hammer befördert ein täglicher Konsum von zwanzig Zigaretten über zwanzig Jahre hinweg »etwa sechs Kilogramm Ruß, das Äquivalent von zehn Briketts, in die Lunge«.[7] Vor allem aber besteht das Kondensat aus polyzyklischen aromatischen Kohlenwasserstoffen (PAK), deren Leitsubstanz Benzpyren als einer der bekanntesten und gefährlichsten Krebserreger gilt.

Toxikologisch hochgiftige und zum Teil krebserregende Substanzen sind außerdem diverse Stickstoffoxide, Ammoniak, Blausäure, Methanol, gas- bzw. teilchenförmige Nitrosamine sowie verschiedene Aldehyde wie Acetylaldehyd und Formaldehyd – und vor allem auch das *Kohlenmonoxid.*[8]

Gerade das Kohlenmonoxid wird für eine ganze Reihe der typischen Raucherkrankheiten verantwortlich gemacht. Es verbindet sich im Blut mit dem Hämoglobin, dem roten Blutfarbstoff, der für den Sauerstofftransport zuständig ist; wodurch laut medizinischer Fachliteratur etwa 5–20 % der normalen Leistungsfähigkeit ausgeschaltet werden. Die Folgen sind unter anderem eine schlechtere Sauerstoffversorgung der Zellen, ein Anstieg der Fettsäuren sowie eine Verdickung des Blutes, was zu diversen Herz-Kreislauf-Erkrankungen führen kann: Schlaganfall, Herzinfarkt, Arteriosklerose, Thrombose, Raucherbein. (Daß es sogar rauchende Fußballprofis gab, die in der National-mannschaft zum Einsatz kamen, muß in diesem Zusammen-hang als medizinisches Wunder gelten.)

Außerdem sind im Zigarettenrauch nachzuweisen: Das Bhopalgift Methylisozyanat; Methylchlorid; Cyanwasserstoff; Benzol; Hydrazin; Schwermetalle wie Cadmium, Nickel, Blei, Arsen; Herbizide; Pestizide; und außerdem Radon (in Form von radioaktivem Polonium 210), das die Tabakpflanze über ihre stark behaarte Oberfläche aufnimmt – weshalb Raucherlungen laut Lothar Schuh 40mal stärker als Nichtraucherlungen ›strah-len‹.[9]

Und das alles ist nur ein kleiner Ausschnitt der wichtigsten und gefährlichsten Bestandteile. Man hat den Eindruck, es wäre einfacher, man nähme eine Liste *aller bekannten gefährlichen Substanzen* – und hebe dann die wenigen hervor, die im Zigaret-tenrauch *nicht* vorkommen.

Die entscheidende Frage aber lautet: *Warum fällt man nicht auf der Stelle tot um?* Man darf diese Frage einen Augen-blick auf sich wirken lassen. All diesen hochgefährlichen Giften und Gasen zum Trotz: Bis auf weiteres scheint der menschliche Körper durchaus mit ihnen zurechtzukommen.

Viel kurioser ist aber noch etwas anderes: Keine dieser Sub-stanzen – außer dem Nikotin – ist ein exklusiver Bestandteil von Zigarettenrauch. Im Gegenteil, mit all diesen Giften kom-men wir täglich durch unsere Nahrung, durch unser Trinkwas-ser, durch die Luft, die wir atmen, und durch zahllose Chemie-

und Baustoffe in unserer Umwelt millionenfach in Berührung. Mit allergrößter Empörung und hocherhobenem Zeigefinger werden hochgiftige Umweltgifte als Beleg für die schier grenzenlose Bösartigkeit von Zigaretten angeführt, während wir sie im Alltag nicht weiter beachten oder sogar billigend in Kauf nehmen sollen.

Und offenbar werden einige von ihnen ganz bewußt als ›Schocker‹ eingesetzt, so beispielsweise der Hinweis auf Arsen, das auch im amerikanischen Trinkwasser in diskussionswürdigen Mengen vorkommt, oder der Hinweis auf radioaktive Stoffe wie Radon, das die Pflanze ja auch nicht selbst produziert, sondern aus der Luft aufnimmt. – Das heißt aber, in Brokkoli kommt es auch vor.

Dasselbe gilt für Cadmium, Blei und andere Schwermetalle sowie alle Arten von Herbiziden und Pestiziden, die ebenfalls keine natürlichen Bestandteile der Pflanze sind, sondern von ihr aus der Umwelt aufgenommen werden – als Rückstände von Düngungs- und Schädlingsbekämpfungsmitteln, Auto- und Industrieabgasen. Wer dem Tabak diese Substanzen zum Vorwurf macht, sollte die Belastung in Salat und Gemüse mit einbeziehen.

Natürlich macht das ihr Vorkommen im Zigarettenrauch kein Stück besser. Sicherlich auch sind die zum Teil extrem erhöhten Konzentrationen im Zigarettenrauch nicht zu verharmlosen. Trotzdem kann man sich des Eindrucks nicht erwehren, daß hier bewußt mit zweierlei Maß gemessen wird. Zumindest sollte die Frage erlaubt sein, warum gewisse Mikro-Mengen von

Schwermetallen und Umweltgiften im Gemüse als tolerabel gelten, während sie uns im Tabakrauch das Gruseln lehren sollen.

Um nur eins von vielen Beispielen zu nennen: die *polyzyklischen aromatischen Kohlenwasserstoffe* (PAK) entstehen generell bei der Verbrennung fossiler Brennstoffe und sind auch in Kaminruß, alten Parkettklebern oder Grillwürstchen enthalten. Generell ist die Konzentration von PAK in der Luft von der Bevölkerungsdichte und dem Grad der Industrialisierung abhängig. In Deutschland beträgt die jährliche Aufnahme von Benzpyren in ländlichen Regionen pro Mensch etwa 2,5 mg, in weniger belasteten Städten 40 mg und in stark belasteten Großstadtzentren bis zu 200 mg.

»Die Aufnahme von Benzpyren durch das Rauchen einer Zigarette liegt zwischen 10 und 50 ng und kann bei ungefilterten Zigaretten bis zu 150 ng reichen. Bei einem täglichen Konsum von 25 Filterzigaretten sind dies 0,25 bis 1,25 mg täglich oder aber 91–456 mg im Jahr, also erheblich mehr als durch stark belastete Großstadtluft.«[10]

Tatsächlich? Das klingt nämlich im Resümee sehr viel eindeutiger, als es ist, eher müßte man sagen: ›Kommt drauf an …!‹ Ganz abgesehen davon, wie schwer es ist, solche gasförmigen Mengen präzise zu messen. Sollten wir nicht eher erstaunt sein, wie hoch die allgemeine Belastung der Großstadtluft im Vergleich zum direkten Zigarettenkonsum ist?

Beim Grillen weisen vor allem die verkohlten, schwarzen Stellen am Grillgut hohe Konzentrationen von Benzpyren auf. Weniger bekannt ist die Belastung auch in Gemüse und Getreide, vor allem die rauhen Blätter von Grünkohl oder Petersilie fangen das Benzpyren aus der Luft auf, in die es durch Autoabgase und Industrieanlagen gelangt ist. Ein Beitrag im Deutschlandradio (vom 23.6.2001) kommt sogar zu dem radikalen Schluß: »Egal ob Sie grillen oder nicht, Sie schlucken mit Ihrer ganz normalen Nahrung jeden Tag soviel Benzpyren, wie ein Raucher mit 140 Zigaretten inhaliert.«[11]

So weit wollen wir gar nicht gehen. Aber was man trotzdem nicht vergessen sollte: der Nachweis von Substanzen wie Benzpyren im Zigarettenrauch als Beweis für seine Gefährlichkeit ist ja in erster Linie ein Beweis für die Gefährlichkeit des Benzpyren *selbst*! Was auch für die anderen Substanzen gilt. Schließlich geht es um die Frage, ob gewisse Produkte oder Substanzen aufgrund ihrer gesundheitlichen Schädlichkeit sanktioniert werden sollten. Wenn man dies beim Zigarettenrauch u.a. aufgrund des Benzpyrens beabsichtigt, dann stellt sich die Frage, warum man in anderen Bereichen nicht ebenso rigide reagiert. Wer Benzpyren als Grund gegen das Rauchen anführt, dem darf man entgegnen: ›Und was machen wir jetzt mit den Autoabgasen …?‹

Erst jüngst wieder hat das Problem der Feinstaubbelastung in deutschen Großstädten für große Aufregung in den Medien gesorgt. Wie eine bereits am 04.09.2003 in »Die Zeit« zitierte Studie aus dem »American Journal of Public Health« belegt:

> »Die Luftverschmutzung durch starken Autoverkehr verursacht zahlreiche Atemwegserkrankungen und -komplikationen im Kindesalter. (…) Feinstaub in der Luft, Ozon und

Stickoxide verursachen sowohl akute Probleme wie gehäufte Bronchitis-Erkrankungen bei Asthma-Kindern als auch langfristige Schäden wie Entwicklungsstörungen der Lunge und erhöhte Asthma-Anfälligkeit.«

Und man darf anmerken, für Erwachsene ist es nicht viel gesünder. Auch die häufig hervorgehobenen Nitrosamine sind keine ›exklusiven‹ Bestandteile des Zigarettenrauchs, sondern können auf vielfältige Weise in den Körper gelangen. Ein Grundbaustein des Nitrosamins ist das *Nitrat*, das selbst nicht giftig ist, jedoch die Vorstufe zum gesundheitsschädlichen *Nitrit* bilden kann. Die durchschnittliche Nitrataufnahme in Deutschland beträgt täglich etwa 130 mg, wobei 70 % auf den Verzehr von *Gemüse*, 20 % auf Trinkwasser und 10 % auf gepökeltes Fleisch zurückzuführen sind. Es gibt Fachleute, die hier schon von einer besonderen *Gefährdung für Gemüseliebhaber* gesprochen haben.

Ein Gesundheitsrisiko entsteht allerdings erst, wenn das Nitrat durch Bakterien zu Nitrit umgewandelt wird. Dies ist der Fall, wenn z. B. nitratreiches Gemüse wie Spinat noch einmal erwärmt wird, auch sollte man bereits angemachten Salat nicht zu lange stehen lassen, weil Bakterien das Nitrat zu Nitrit verwandeln; besonders nitrathaltig sind außerdem Feldsalat, Radieschen, Rettich, rote Bete.

Als besonders von Nitrit belastet gelten hingegen gepökelte Fleischwaren. In Verbindung mit bestimmten Aminen kann dieses Nitrit zur Bildung des als krebserregend geltenden Nitrosamins führen (Nitrit + Amine = Nitrosamine). Eine Voraussetzung hierfür ist ein ›saures Milieu‹, wie es beispielsweise im menschlichen Magen vorkommt.

Nitrosamin kommt aber auch in einigen Lebensmitteln direkt vor, wie z.B. in Bier, Fischen, Fischprodukten, gepökeltem Fleisch und Käse. Im Bier entsteht es beim Darren des Gerstenmalzes. Zugleich kann es bei der Zubereitung von Lebensmitteln entstehen, beispielsweise durch das gemeinsame Erhitzen von gepökelten Wurstwaren und Käse. (Das Nitrit aus dem Fleisch verbindet sich mit den Aminen aus dem Käse.) Als besonders bedenklich in diesem Zusammenhang gelten deshalb Mahlzeiten wie Toast Hawaii und Salamipizza.

Wenn man ehrlich ist, können alle diese Argumente nur sehr eingeschränkt als Entlastung für den Raucher (bzw. den Zigarettenrauch) dienen; auch wenn man einräumen muß, daß in der Anti-Raucher-Propaganda vieles über die Maßen dramatisiert und höchst einseitig dargestellt wird.

Das Ärgerliche an dieser Abschreckungs-Inszenierung ist die offenkundige Doppelmoral: beim Rauchen werden hysterisch die Alarmglocken geläutet, die industrielle Verunreinigung von Umwelt und Nahrung wird gleichgültig mit einem Schulterzucken bedacht.

Mit geradezu unerträglicher Penetranz suggeriert die Anti-Raucher-Bewegung, daß durch den Verzicht auf Zigaretten die Pforten sich öffnen ins *Himmelreich der Gesundheit* – ein Leben frei von Schadstoffen. So beschreibt der ›Nichtraucherpapst‹ Allen Carr die Entwöhnung vom Rauchen als eine »Flucht aus einer schwarzweißen Welt voller Ängste und Depressionen in eine sonnendurchflutete voller Gesundheit, Selbstvertrauen und Freiheit«.[12]

Dabei leben wir in einem Zeitalter der totalen Chemikalisierung aller Lebensbereiche. Ob Pestizide im Gemüse, Dioxine in Milch- und Fleischprodukten, Medikamentenrückstände im Schweinefleisch, Biphenol A in Plastikflaschen und Blechdosen, PVC-Weichmacher in Kinderspielzeug: weltweit sind heute ca. 80 000 Chemikalien in Gebrauch, jährlich kommen über 1 500 hinzu.

In der Lebensmittelindustrie sind chemische Zusätze mit künstlichen Farbstoffen, Emulgatoren, Aromen, Geschmacksverstärkern, Konservierungsstoffen, Trennmitteln und Stabilisatoren eine Selbstverständlichkeit. In kosmetischen Produkten sind allein in den darin verwendeten synthetischen Duftstoffen oft mehr als 4 000 verschiedene Chemikalien enthalten.[13]

Dabei sind die konkreten Auswirkungen und Reaktionsweisen dieser künstlich hergestellten Chemiestoffe auf die Umwelt – und vor allem auch auf den menschlichen Organismus – zumeist noch völlig unerforscht. Viele dieser Substanzen sind nicht natürlich abbaubar und werden, einmal in die Umwelt gelangt, zu einem festen Bestandteil des Naturkreislaufs. Das hochgiftige Dioxin beispielsweise, das über Abwässer, Autoabgase und Emissionen von Chemiefabriken und Müllverbrennungsanlagen in die Umwelt gerät, gelangt über Böden und Gewässer in die Organismen von Fischen und Weidetieren – und von dort über den Verzehr von Milchprodukten, Fisch und

Fleisch in den menschlichen Körper, wo sich das Gift hartnäckig im Fettgewebe festsetzt. Erst Anfang 2005 gingen Meldungen über dioxinbelastete Freilandeier durch die Medien. Die oftmals höchsten Dioxinwerte werden übrigens regelmäßig in der Muttermilch gefunden.

Bedenklich ist auch die zum Teil erstaunlich großflächige Verbreitung einzelner Chemikalien, obwohl sie eigentlich nur lokal eingesetzt werden. So hat man ein in einem US-Bundesstaat zum Schutz von Teppichböden, Schuhen und Papier verwendetes polyfluoriertes Sulfonat im Fettgewebe von Eisbären auf Grönland, Schildkröten am Mississippi und Delphinen im Ganges nachgewiesen.[14]

Allein mit den Rückständen von Chemie- und Arzneimitteln im Trinkwasser, die durch die Klärwerke *nicht mehr beseitigt werden können*, sind Seiten zu füllen. Im amerikanischen Trinkwasser wurden Rückstände von Salicylsäure (aus Schmerzmitteln) und Clofibrinsäure (aus cholesterinsenkenden Medikamenten) gefunden. Untersuchungen der Berliner Wasserwerke fanden Spuren von Diazepam (ein Psychopharmaka), Carbamazepin (ein Antiepileptikum), Antibiotika und anderen pharmazeutischen Rückständen. Durch den allgemein sinkenden pH-Wert des Wassers (aufgrund des sauren Regens) werden außerdem verstärkt die Wasserrohre angegriffen, wodurch es zur Ablösung von Blei-, Kupfer- oder Asbestfasern kommt.[15]

Auch das in Zigaretten angeblich so bedrohliche Arsen ist mittlerweile zu einem weltweiten Problem für die Trinkwasserversorgung geworden. Erst vor wenigen Jahren haben Wissenschaftler herausgefunden, daß in Gebieten mit erhöhten Arsenwerten im Trinkwasser eine deutlich erhöhte Rate an Lungen- und Blasenkrebserkrankungen zu beobachten ist; ein Hinweis, der in den Lungenkrebsstatistiken der Anti-Raucher-Bewegung natürlich unerwähnt bleibt. Die schlimmsten Zustände herrschen in Bangladesch und Westbengalen sowie in Teilen Chiles, wo man aufgrund der bisherigen Belastungen mit bis zu 2 Millionen möglichen Krebserkrankungen rechnet.[16]

Arsen wurde früher auch als Pestizid verwendet, allein in den USA wurden zwischen 1950 und 1970 pro Jahr etwa 40 000 Tonnen davon versprüht. Und jetzt erregt man sich darüber, daß Spuren davon im Tabak auftauchen.[17]

Schließlich wollen wir noch einmal an die zehn Briketts erinnern, die angeblich im Leben eines Rauchers durch dessen Lunge befördert werden, während gleichzeitig Millionen und Abermillionen Tonnen dampfenden Teers über unseren Planeten, unsere Städte – vor unseren Haustüren ausgeschüttet wurden. Von der exzessiven Versiegelung und Vergiftung unserer Weltlunge redet im Anti-Raucher-Lager kaum jemand – von den Belastungen durch Industrie- und Autoabgase, die Klimaerwärmung, das Ozonloch ganz zu schweigen. Aber wer sich so über das Rauchen ereifert, hat für anderes auch keine Zeit.

Der Wahn der Teilchen

Zuletzt steckt hinter der Auseinandersetzung mit der Welt der Mikrosubstanzen noch ein ganz anderes Problem. – Vielleicht *das wahre Problem?*

Denn offensichtlich ist hier im Zuge des wissenschaftlichen Fortschritts ein Erkenntniszweig entstanden, der unsere Welt in immer kleinere Bestandteile zerlegt: eine Mahlzeit ist mittlerweile keine Mahlzeit mehr, sondern eine aus Tausenden von Mikrostoffen (Mineralien, Eiweißen, Kohlenhydraten, Vitaminen, Schadstoffen etc.) bestehende Masse, die nach biochemischen, diäteren und pharmakologischen Gesichtspunkten betrachtet werden kann und – wenn man an der Debatte teilnehmen will – auch *muss!*

Unabhängig von den medizinischen Vorteilen ihrer Entdeckung entzieht sich diese ›Teilchenflut‹ jeglicher lebenspraktischen Bewältigung. Wirklich gesicherte Erkenntnisse über das unendliche Reich des Mikrokosmos liegen nur in Bruchstücken vor. So kommt es zu täglich wechselnden Meldungen über die Vor- und Nachteile bestimmter Nahrungsmittel und -bestandteile; galt Kaffee gestern noch als schädlich, gilt er heute plötzlich als gesund, um nur ein Beispiel zu nennen.

Wirklich nachvollziehbar ist das nicht. Gegen dieses Heer von Partikeln und Substanzen, Giften und Gasen hat der einzelne keine Chance. Er hat kognitiv keine Chance, er hat alltagspraktisch keine Chance, er hat gesundheitlich keine Chance. *Dafür sind sie zu klein, dafür sind es zu viele.* Ohne jeden Vorwurf an die Wissenschaft, aber dem modernen Menschen bleiben hier nur zwei Möglichkeiten: entweder er glaubt an sie oder nicht.

Und natürlich glaubt er an sie! Aber kaum ein Mensch weiß, wie Formaldehyd *aussieht,* geschweige denn, daß er es je gesehen hätte. Es ist nun mal eine Eigenart dieser Teilchen, daß sie unsichtbar sind, daß wir sie weder riechen, hören noch ertasten können. Und dennoch sind wir fortwährend von ihnen umzingelt und bedroht. Zumindest sind wir dringend aufgefordert, ihre Bedrohung ernst zu nehmen. Eine absurde Situation – mit der Folge einer zunehmenden Abwertung und Suspendierung der individuellen Wahrnehmung und Urteilskraft, zugunsten einer gleichsam atomaren ›Geisterwelt‹. Das muß nicht per se etwas Schlimmes sein, weil alle Wahrnehmung ihre natürlichen Grenzen hat. Problematisch wird es, wenn dieser Mikrokosmos Züge eines paranoiden Weltbildes annimmt, in denen Heerscharen von kleinen ›Bösewichtern‹ millionenfach unseren Körper belagern und versuchen, in ihn einzudringen, um ihn zu zerstören.

In der Psychiatrie spricht man in diesem Zusammenhang von schizophrener Paranoia – und das ist gar keine schlechte Diagnose. Man kann hier an das berühmte Wahngebilde des Senatspräsidenten Schreber denken.[18]

Das mag über die Maßen polemisch klingen, weil es sich hier offenkundig nicht um ein klinisches Wahngebilde handelt, sondern um streng wissenschaftliche Erkenntnisse der Mikrobiologie. Und dennoch: Für das praktische Leben macht das keinen Unterschied.

Zunehmend rücksichtslos gebärdet sich Wissenschaft als Geheimwissenschaft, deren Verlautbarungen wie früher päpstliche Dekrete von der Öffentlichkeit akzeptiert werden müssen und den Menschen die Befähigung zu einer eigenständigen Weltinterpretation absprechen. Der moderne Raucher ist hier

133

angesichts einer ebenso erdrückenden wie undurchschaubaren Beweislage de facto ohne jede Einspruchsmöglichkeit.

In diesem Lichte kann man das Rauchen auch – ganz kühn – als eine ›Geste des Trotzes‹ und einen ›Akt der Revolte‹ gegen das herrschaftliche Gebaren der modernen medizinischen Wissenschaft und ihres Alleingültigkeitsanspruches verstehen. Mit dem Rauchen wehrt sich der Raucher gegen seine Entmündigung in einer gesundheitsbesessenen Gesellschaftsordnung. Er verteidigt sein unveräußerliches Recht auf Freiheit, Selbstbestimmung und Lebensfreude.

Die noch immer weit verbreitete Hörigkeit gegenüber Wissenschaft und Medizin ist ein seltsames Phänomen. Spätestens seit den medizinischen Grausamkeiten des Nationalsozialismus, der längst erfolgten kritischen Aufarbeitung moderner Wissenschafts- und Vernunftgläubigkeit unter anderem durch Max Horkheimer und Theodor W. Adorno und schließlich mit der stetig anwachsenden Kommerzialisierung und Vermarktung von wissenschaftlicher Forschung sollte die Legende von der ›neutralen Wissenschaft‹ ins Reich der Fabel verbannt sein.

Es kann keine *voraussetzungslose* Wissenschaft geben. Wissenschaft basiert immer auf theoretischen Prämissen, ist abhängig von technischen Möglichkeiten, politischen Bedingungen und moralischen Konventionen, auch wirtschaftliche Interessen nehmen Einfluß auf die theoretische und praktische Forschungsarbeit.

Aufs Rauchen bezogen: Auch wenn man die Auswirkungen bestimmter Substanzen (wie beispielsweise des Tabaks) vorgeblich nur ›beobachten‹ will, so wird doch kaum ein Forscher ohne ein ›vorgefertigtes Bild‹ von Hypothesen und Erwartungen arbeiten können, die zwangsläufig auch vom gesellschaftlichen Stellenwert des Forschungsgegenstandes beeinflußt sind.

Wissenschaft ist *bestreitbar*. Das zeigen auch die erbosten Reaktionen, wenn Raucher-Studien mit *gegenteiligen* oder ›verharmlosenden‹ Ergebnissen publiziert werden oder Wissenschaftler in Diensten der Tabakindustrie geforscht und veröffentlicht haben.

Auch die amerikanische Anti-Tabak-Forschung der Nachkriegszeit ist nicht ›vom Himmel gefallen‹: Aus einer *Abneigung* wurde eine *Meinung*, aus einer *Meinung* wurde eine *Hypothese*, und aus einer *Hypothese* wurde eine *Wahrheit*. Mit der verständlichen Folge, daß spätestens seit Mitte der 60er Jahren die Lehrmeinung für jedes Mitglied der wissenschaftlichen Gemeinde klar vorgegeben war: Rauchen ist schädlich.

Damit soll nicht behauptet werden, daß diese Forschungsergebnisse nicht ordnungsgemäß und *korrekt* ermittelt wurden. Aber falls die Wissenschaft beschließen würde, die gesundheitlichen Risiken des Sonnenlichts zu erforschen, so würde es ihr in kürzester Zeit gelingen, ein tausendseitiges Werk über seine Schädlichkeit zu verfassen. Und das Faszinierendste daran wäre: es würde nicht ein einziger falscher Satz darin stehen.

1 Detlef Bluhm: Wenn man im Himmel nicht rauchen darf, gehe ich nicht hin, S. 50
2 Ruediger Dahlke: Die Psychologie des blauen Dunstes, S. 17
3 »Aus Tierversuchen könnte abgeleitet werden, daß Nikotin Gedächtnisleistungen fördert und das aggressive Verhalten vermindert« In: Knut-Olaf Haustein: Tabakabhängigkeit, S. 83
4 Knut-Olaf Haustein: Tabakabhängigkeit, S. 173
5 Ian Mundell: Peering through the smoke screen. »New Scientist«, 9. 10. 1993
6 Ruediger Dahlke: Die Psychologie des blauen Dunstes, S. 85 – Und: Knut-Olaf Haustein: Tabakabhängigkeit, S. 59
7 Ruediger Dahlke: Die Psychologie des blauen Dunstes, S. 88
8 Henner Hess: Rauchen: Geschichte, Geschäfte, Gefahren. Frankfurt a. M., New York 1987, S. 58 f.
9 Ruediger Dahlke: Die Psychologie des blauen Dunstes, S. 85
10 Schadstofflexikon – Stichwort: PAK.
    http: umweltanalytik.com/lexikon/ing8.htm
11 DeutschlandRadio Berlin vom 6. 7. 2002: Mahlzeit! Gespräche mit Udo Pollmer
12 Allen Carr: Endlich Nichtraucher. München 2000, S. 72
13 geoscience online: »Nichts bleibt verschont. Die Chemikalisierung aller Lebensbereiche.« http://www.g-o.de/kap4b/40ee0027.htm
14 geoscience online: »Die Geister, die ich rief. Der Giftkreislauf.« http://www.g-o.de/kap4b/40ee0021.htm
15 T. Blasig-Jäger: Trinkwasser und Vergiftungen.
    http://www.rohmachtfroh.de/Wasserfilter/Trinkwasser_und_ Vergiftungen/trinkwasser_und_vergiftungen.html
16 Herman Klosius (IfC Universität Graz): Arsen im Wasser. Südwind Magazin, Nr. 6/2002
17 Ebd.
18 Daniel Paul Schreber: Denkwürdigkeiten eines Nervenkranken. Frankfurt a. M. 1985

Sucht & Moral

>*»Giving up is hard – what other giving up is there?!«*
> Jacob Sullum[1]

Die zweite tragende Säule der Kampagne gegen das Rauchen bildet seit jeher der Vorwurf, daß es zu allem Übel auch noch eine Sucht ist. Das ist deshalb von Bedeutung, weil die Anti-Raucher-Bewegung ihre Legitimation aus dieser ›Doppelstrategie‹ bezieht: Das *schlimme* am Rauchen ist, daß es krank *und* süchtig macht.

Und das scheint auch Sinn zu machen. Denn die Tatsache, daß etwas schädlich oder gefährlich ist, ergibt noch lange keinen Grund, es abzuschaffen oder zu verbieten. Man denke nur an Autoverkehr, Chemieprodukte, Fast Food, Alkohol, Arbeitsstreß, viele Sportarten. – Es herrscht dabei die Auffassung vor, daß die Menschen weitgehend freiwillig und souverän darüber entscheiden, in welchem Ausmaß diese Dinge in ihrem Leben eine Rolle spielen. Wenn jedoch jemand aufgrund seiner ›Sucht‹ zum Konsum ›gezwungen‹ wird, dann ist das, angesichts der Schädlichkeit, nicht nur verwerflich, sondern geradezu verbotswürdig.

Nur sollten wir nicht vergessen: niemand wird von vorneherein zum Rauchen ›gezwungen‹. Im Gegenteil: der erste Griff zur Zigarette untersteht einer freien Entscheidung – dem *freien*

Willen. Das kann man aufgrund von Beeinflussung durch Werbung etwa bei Jugendlichen zwar bestreiten, aber was meint dann Sucht? Ihr Vorhandensein geht nun mal immer von einem ursprünglich souveränen Willen aus. Deshalb erscheint auch die Entdeckung des sogenannten Raucher-Gens »Alpha 4« als nicht besonders hilfreich. Man weiß nämlich gar nicht: Ist das jetzt ein Beweis für die Sucht? Oder bedeutet das: schuld ist ein Gen und gar nicht der Mensch?

Entscheidender ist, daß mittlerweile Millionen und Abermillionen von Menschen bewiesen haben, daß man unter durchaus erträglichen Bedingungen das Rauchen aufgeben kann. (Allein in den USA schätzt man die Zahl der Ex-Raucher auf weit über 40 Millionen, das sind immer auch *Millionen Beweise gegen die Sucht.*)

Aber der Reihe nach. Die Willensfreiheit des Individuums ist ja nicht nur in diesem Zusammenhang ein komplexes Thema. Inwieweit sind wir souveräne, freie oder von Zwängen und Gewohnheiten gesteuerte Wesen? Allein mit Blick auf unsere Charaktereigenschaften, unsere Interessen und Neigungen, unsere Berufswahl, unsere Ernährungsgewohnheiten, unsere Lebensweise – wo liegt die Grenze zwischen genetischem Determinismus, gesellschaftlichen Zwängen, sozialen Einflüssen oder ›Automatismen‹ und einer unabhängigen und freien Willensentscheidung? Wo endet die ›Freiheit‹, wo beginnt die ›Abhängigkeit‹?

Man kann auch die Frage stellen, ob Abhängigkeit *per se* als etwas Negatives anzusehen ist. In vielerlei Hinsicht ist sie ein

Grundzustand des Lebens: vorneweg die Abhängigkeit von Luft und Nahrung; wenn wir geboren werden und aufwachsen, die Abhängigkeit von unseren Eltern, später die Abhängigkeit vom Arbeitgeber, vom Lebenspartner, von der Wirtschaft; aber auch die Abhängigkeit von Zufällen, Begegnungen, Launen, selbst vom Wetter. – So gesehen ist das ganze Leben immer auch eine Form des ›Abhängigseins‹.

Viele Raucher würden in bezug auf ihr Laster zunächst auch gar nicht von Sucht, sondern von einer Angewohnheit sprechen. Erst wer aufhören will und merkt, daß dies Schwierigkeiten bereitet, beginnt das Phänomen der Sucht wahrzunehmen. Aber was ist, wenn man gar nicht aufhören *will*? Ist das als eine freie Entscheidung anzusehen? Oder doch schon als ein Symptom der Sucht? – Wenn der Wille nicht will, was er wollen *soll*, dann wird die Sache, wie wir sehen werden, ziemlich kompliziert.

Im Rahmen der Anti-Raucher-Kampagne wird klar, daß beim Thema Sucht die Debatte eine äußerst hinterlistige und moralische Dimension erhält. Sucht ist etwas Unnötiges, Überflüssiges und Sinnloses; Sucht ist eine Art Bankrott-Erklärung des Individuums und impliziert Willensschwäche, Freiheitsverlust, körperliche oder geistige Versklavung.

Wobei diese negativen Kriterien des Suchtbegriffs, historisch betrachtet, keineswegs so selbstverständlich sind, wie man denken könnte. Tatsächlich ist allein schon der Terminus ›Sucht‹ eine Erfindung der Moderne. Selbst beim Alkohol war der Begriff der ›Trunksucht‹ bis ins 19. Jahrhundert hinein unbekannt und wurde erst mit Beginn des 20. Jahrhunderts durch die Medizin das Konzept einer Suchtkrankheit eingeführt.[2] Aus Zeugnissen früherer Jahrhunderte kann man außerdem ableiten, daß gewisse Formen von übersteigerter ›Leidenschaft‹ eine durchaus hohe kulturelle Wertschätzung erfahren haben; so beispielsweise im Begriff der ›Passion‹ als einer Beziehungskategorie, in der Begeisterung und bedingungslose Hingabe enthalten sind. Die intensive Pflege ausgewählter Genüsse gehörte zudem über weite Strecken der europäischen Geschichte zum Erkennungszeichen und zu den Vorrechten der herrschenden Klasse. Für die breite Masse war solcher Luxus ohnehin nicht erhältlich.

Genau darin aber liegt wohl die eigentliche Ironie: daß das Ideal eines souveränen und willensstarken Individuums über die längste Zeit der Menschheitsgeschichte überhaupt nicht zur Debatte stand. Erst mit den Anforderungen der modernen Industriegesellschaft an Disziplin, Leistungsbereitschaft und Selbstkontrolle wurden die Voraussetzungen für das moderne Suchtkonzept geschaffen.

Aber auch heute noch gibt es viele Phänomene aus dem Alltag oder dem Kulturbereich, bei denen gewisse Spielarten von Leidenschaft, Besessenheit, selbst Fanatismus oder auch die Fetischisierung bestimmter Genüsse positiv besetzt sind. Man denke allein an den Sport oder die Verführungskräfte der Konsumgesellschaft; oder an den hohen Stellenwert der ›romantischen Liebe‹ mit ihren Symptomen von Besessenheit und Eifersucht – von Unzurechnungsfähigkeit –, die zu einer zentralen Glücksformel der Moderne geworden ist.

Auch die Verwandtschaft zwischen so natürlichen Phänomenen wie ›Wunsch‹, ›Neigung‹, ›Begehren‹ einerseits und
›zwanghaftem Trieb‹ andererseits veranschaulicht die Komplexität der Suchtdebatte, der es nicht immer leichtfällt, die Grenze
zu ziehen zwischen einer ›krankhaften‹ oder einer ›gesunden‹
Veranlagung.

Als Italo Svevos Romanheld *Zeno Cosini* von seinem Arzt
verlangt, ihn von seiner vermeintlich krankhaften Begierde
nach Frauen zu heilen, schnauft dieser ihn unwillig an: »Das
fehlte noch!«[3]

Alles eine Frage der Definition

Mit Blick auf die aktuelle Raucher-Debatte ist das Urteil der medizinischen Forschung allerdings unumstößlich. Jede Kritik
oder Infragestellung des Suchtbegriffs wird als törichte Verharmlosung von Zigarettenabhängigkeit abgetan. Und eigentlich könnte man dem kaum noch etwas entgegensetzen – wäre
da nicht der interessante Einwand zur Hand, daß selbst das Rauchen im medizinischen Diskurs der Moderne keineswegs immer eine ›Sucht‹ war.

Tatsächlich haben bis weit in die zweite Hälfte des letzten
Jahrhunderts die Wissenschaftler gezögert, Rauchen als Sucht
zu bezeichnen – unter anderem wohl auch, weil sie in der Mehr-
zahl selbst Raucher waren.

Viel entscheidender aber war sicherlich, daß der Begriff
›Sucht‹ in jener Zeit noch ausschließlich auf den sogenannten
›opiatischen Effekten‹ basierte: als bewußtseinsverändernder

Rauschzustand, als der Drang zu einer stetig steigenden Dosis und eine *physische* Abhängigkeit.[4]

Dementsprechend wurde nach den Kriterien der Weltgesundheitsorganisation (WHO) aus dem Jahre 1957 *»Drogen-Sucht«* (»Drug Addiction«) definiert als ein Zustand 1. regelmäßiger oder dauerhafter Intoxikation durch die wiederholte Einnahme einer Droge, 2. ein überwältigender Wunsch oder Zwang, den betreffenden Stoff weiter einzunehmen, 3. ein Bedürfnis nach einer stetig steigenden Dosierung, 4. eine teilweise psychische, vor allem aber physische bzw. pharmakologische Abhängigkeit mit zum Teil schweren körperlichen Entzugserscheinungen sowie 5. schädliche Folgen für das Individuum und die Gesellschaft.[5] – Diese Definition schließt beispielsweise starke Formen von Alkoholismus ein. Aber es wird auch klar, warum man Schwierigkeiten hätte, das Rauchen hierunter einzuordnen.

Die Definition von *»Drogen-Gewohnheit«* (»Drug Habituation«) war hingegen gekennzeichnet durch: 1. den Wunsch (aber nicht Zwang) zum wiederholten Konsum einer Droge im Hinblick auf das dadurch ausgelöste Wohlgefühl; 2. eine geringe oder keine Tendenz, die Dosis zu steigern; 3. einen gewissen Grad von psychischer Abhängigkeit, aber keine Anzeichen einer körperlichen Abhängigkeit und daher auch keine körperlichen Entzugserscheinungen; 4. schädliche Folgen (Gefahren), falls überhaupt welche, vornehmlich für das Individuum.[6]

Nach dieser Definition wurde das Rauchen sowohl von der WHO als auch von der amerikanischen Gesundheitsbehörde als

›Gewohnheit‹ und nicht als ›Sucht‹ eingestuft. Barbiturate (Schlaf- und Beruhigungsmittel) sind beispielsweise gemäß dieser Definition suchtfördernde Mittel, während Kokain und Amphetamine dies nicht sind. Dementsprechend wurde auch das Nikotin zu derselben Gruppe wie Kokain und Amphetamine gezählt.

Bei dauerhaftem Nikotin-Entzug – also wenn man mit dem Rauchen aufhört – stellen sich teilweise unangenehme Nebeneffekte ein, die aber keineswegs mit den schweren körperlichen Entzugserscheinungen von harten Drogen und Opiaten zu vergleichen sind. Auch hinsichtlich der Dosierung pendelt sich nach anfänglicher Steigerung die Konsum-Menge meist auf einem stabilen Niveau ein. Zudem bewirkt Nikotin nur äußerst subtile psychoaktive Effekte und stört weder die Bewußtseinsfunktionen noch vermindert es die Fähigkeit zur Selbsteinschätzung oder schränkt etwa die Geistesgegenwart oder Hand-Augen-Koordination ein.

Bei dieser Definition hat man es aber nicht belassen!

Bereits Mitte der 60er Jahre wird die Unterscheidung zwischen *»Drogen-Sucht«* und *»Drogen-Gewohnheit«* ebenso wie die Bezeichnung »Sucht« von der WHO aufgegeben und unter dem übergeordneten Komplex mit der Bezeichnung *»Drogen-Abhängigkeit«* (»Drug Dependence«) zusammengefaßt.[7]

Nach dieser neuen Definition, die nach weiteren Überarbeitungen schließlich 1993 offiziell verabschiedet wurde, wird »Drogen-Abhängigkeit« verstanden als »eine Gruppe von physiologischen, verhaltensbezogenen und kognitiven Phänomenen unterschiedlicher Intensität, in der der Konsum einer psychoaktiven Droge oder mehrerer Drogen einen hohen Stellenwert einnimmt. Charakteristische Merkmale sind eine ständige Sorge im Blick auf das Bedürfnis, die Droge zu erwerben und zu konsumieren, sowie ein regelmäßiger Drogen-Konsum. Ausschlaggebende Faktoren sowie nachteilige Folgen von Drogenabhängigkeit können biologischer, psychologischer oder sozialer Natur sein und stehen gewöhnlich in Wechselwirkung miteinander«.[8]

Abgesehen davon, daß die Definition nicht unbedingt an Klarheit gewonnen hat, was sofort auffällt: die vormals für die opiatischen Süchte typischen Merkmale – körperliche Abhängigkeit, bewußtseinsverändernder Rauschzustand und der Drang zu einer stetig steigenden Dosierung – kommen in der Definition nicht mehr vor. Wobei der Wechsel von einem vorwiegend ›physischen‹ zu einem gleichermaßen ›psychischen‹ wie ›sozialen‹ Suchtbegriff sicherlich am bedeutsamsten ist.

Dieser Wandel der Begrifflichkeit hat natürlich Methode: das Ziel ist offenkundig die Pathologisierung des Rauchens. Weil ›Gewohnheit‹ zu schwach klang und ›Sucht‹ als Überbegriff in vielerlei Hinsicht zu weit griff, wurde die allgemeine ›Abhängigkeit‹ erfunden. ›Abhängigkeit‹ beinhaltet dabei weiterhin den Begriff der ›Sucht‹ – sozusagen im ›erweiterten Sinne‹, ohne sie jedoch beim Namen nennen zu müssen. Fortan war das Rauchen keine lästige Gewohnheit mehr, sondern untrennbar verknüpft mit dem Stigma der Drogenabhängigkeit.

Manchmal genügt es, nur ein Wort auszutauschen, und aus einem Zigarettenraucher ist ein Drogensüchtiger geworden.

Symptomatisch dafür ist, daß gleichzeitig mit dieser neuen Klassifizierung von Tabak zum ersten Mal in der Geschichte des Suchtdiskurses der Tabak (wie übrigens auch der Kaffee) in die Liste der »abhängig machenden Drogen« aufgenommen wird, aus der er 1974 noch ausdrücklich ausgeschlossen war.[9]

Und das alles hat natürlich Gründe und Konsequenzen. So kann der radikale Umschwung im Suchtdiskurs der WHO maßgeblich auf den Einfluß des seinerzeit amtierenden US-Surgeon General Everett Koop zurückgeführt werden. Dieser hatte 1986 für die USA das Ziel einer »Smoke-Free Society by the Year 2000« verkündet; außerdem war er in seiner 1988 verfaßten Schrift »Nicotine Addiction: A Report of the Surgeon General« zu dem Ergebnis gekommen, daß Rauchen eine Folge von *Nikotinsucht* sei.[10] Kurz zuvor hatte auch die Weltgesundheitsversammlung (WHA) den Tabak erstmalig als *addictive* bezeichnet, eine Formulierung, die im Sprachgebrauch der WHO eigentlich gar nicht mehr vorgesehen war. Nahezu zeitgleich fordert die WHA ihren Generalsekretär auf, »dafür zu sorgen, daß die WHO eine führende Rolle im Kampf gegen das Rauchen übernehme.«[11]

Und diesen Worten folgten Taten: 1998 wird von der WHO die »Tobacco-Free Initiative« (TFI) gegründet, deren erklärtes Ziel eine »Tobacco-Free World«[12] ist. Zudem werden 1999 die Verhandlungen für die internationale »Rahmenkonvention zur Eindämmung des Tabakgebrauchs« eingeleitet, ein juristisches

Mammutwerk, das sich zur Aufgabe setzt, »heutige und künftige Generationen vor den verheerenden gesundheitlichen, gesellschaftlichen, umweltrelevanten und wirtschaftlichen Folgen des Tabakkonsums und des Passivrauchens zu schützen«[13], was unter anderem weitreichende öffentliche Rauchverbote, die Regulierung des Tabakhandels durch Steuererhöhungen sowie Werbeverbote mit einschließt. Im Mai 2003 wird es von den 192 Mitgliedsländern der WHO verabschiedet und im November 2004 vom Deutschen Bundestag ratifiziert.

In diesem Lichte kann der von der WHO zielstrebig vorangetriebene ›Definitionswandel‹ in der Suchtfrage kaum noch als das Ergebnis akademischer ›Spitzfindigkeiten‹ angesehen werden. Vielmehr wurde mit ihm der Grundstein dafür gelegt, den weltweiten Kampf gegen den Tabak in eine völlig neue und überaus machtvolle Dimension zu führen.

Es wäre glaubwürdiger gewesen, die WHO hätte Kriterien aufgestellt, nach denen sie das Gefahrenpotential bestimmter Substanzen feststellt, statt umgekehrt, wie offenbar geschehen, Substanzen zu bestimmen, nach denen sie dann die entsprechenden Kriterien ausrichtet.

Die entscheidende Frage aber lautet: Was ist tatsächlich *dran* am übermächtigen Suchtfaktor von Tabak bzw. Zigaretten?

Als deutlichster Beleg für die suchtfördernde Wirkung von Nikotin gelten immer noch die *Entzugserscheinungen* beim Rauchen. Zu den charakteristischen Symptomen gehören: eine bedrückte oder depressive Gemütsstimmung, Schlaflosigkeit,

Reizbarkeit, Frustration oder Wut, Angstgefühle, Konzentrationsschwierigkeiten, Rastlosigkeit, verminderte Herzfrequenz, gesteigerter Appetit oder Gewichtszunahme.[14]

Zweifellos ein entsetzliches Szenario! Schaut man sich die Symptome aber genauer an, dann könnte es sich genausogut um den Gemütszustand eines Großteils der arbeitenden Bevölkerung an einem typischen Montagmorgen handeln. Oder um die Gefühlsregungen eines ganz normalen Schülers im Teenager-Alter. Auch bei unglücklich verliebten Menschen oder streitenden Ehepartnern sind solche Gefühle zu beobachten; genauso wie bei Prüfungskandidaten, Krimilesern oder enttäuschten Fußballfans.

Abgesehen davon, daß jeder Raucher höchst individuell auf Zigarettenentzug reagiert, seit Mitte des letzten Jahrhunderts wird das Szenario des ›Nikotinentzuges‹ systematisch dramatisiert. Das schließt nicht aus, daß es Raucher gibt, die große Schwierigkeiten mit dem Aufhören haben. Aber für die große Mehrheit der Raucher halten sich die Symptome nachweislich in erträglichen Grenzen.

Ein weiterer elementarer Baustein in der von der WHO vorangetriebenen Suchtdebatte sind die nachhaltigen Bemühungen, den Suchtfaktor konkret mit der *Substanz* des Nikotins gleichzusetzen. Dies kann unter anderem zu entscheidenden Konsequenzen für die Sanktions- und Verbotspolitik führen. Denn nur wenn man den Verursacher (= die suchtauslösende Substanz) klar identifiziert hat, kann man ihn auch ebenso klar verbieten bzw. sanktionieren. Gesundheitspolitisch gesprochen:

aus einem frei zugänglichen ›Konsumartikel‹ wird eine regulationsbedürftige ›Droge‹.

Dabei besteht gar keine Veranlassung, eine Sucht zwingend auf eine ›abhängig machende‹ Substanz zurückzuführen. Nehmen wir als Beispiel andere Bereiche, die mit dem Phänomen ›Sucht‹ in Verbindung gebracht werden: Glücksspiel, Sex, Essen, Jogging, Shopping.

Alle diese Süchte beschreiben Suchtverhalten, die nicht auf einen bestimmten Stoff, sondern auf ein ›psychisches Suchtmuster‹ *im* Menschen zurückzuführen sind. Zugleich ist klar, daß man beispielsweise Essen, Joggen oder Einkaufen nicht verbieten kann: Erstens, weil das aus den augenscheinlichen Gründen nicht geht, zweitens weil die Sucht-*Ursache* nicht im Objekt oder der Substanz lokalisiert werden kann, sondern in der psychischen Disposition des Individuums zu suchen ist. Selbst mit Blick auf mutmaßlich ›stark süchtige‹ Raucher gilt: nicht primär die Zigarette oder das Nikotin macht sie zu ›Süchtigen‹, ihre eigene ›Suchtdisposition‹ ist das Entscheidende.

Ein weiteres Problem ist, daß eine derart definierte Sucht als rein biochemischer Prozeß von Substanzen nicht objektiv messbar ist und auch keinerlei relevante Aussagen über den Suchtcharakter erlaubt. Sucht ist in erster Linie ein *subjektives Empfinden.* Die organischen *Ursachen* dafür können zwar im biochemischen ›Ausschlußverfahren‹ identifiziert und analysiert werden, der entscheidende Faktor aber bleiben die *psychischen* Auswirkungen – oder besser: das individuelle Entzugserlebnis. Das ist im Prinzip wie bei einem Schnupfen, der bei den meisten Menschen ähnlich verläuft und auch allgemeingültige und beschreibbare Symptome auslöst, dessen ›Beschwerden‹ allerdings von jedem einzelnen höchst unterschiedlich erlebt werden. Und genau diese Beschwerden sind ja nun auch das *eigentliche Problem* des Schnupfens.

Menschen reagieren nun mal extrem unterschiedlich auf das ›Suchtpotential‹ von Nikotin. Das wird im übrigen auch in zahlreichen Varianten der Raucherliteratur, besonders aus den 70er und 80er Jahren, so gesehen, die von unterschiedlichen »Typen des Rauchverhaltens« wie Genußrauchen, Gewohnheitsrauchen, neurotisches Rauchen oder süchtiges Rauchen sprechen. Eine Betrachtungsweise, die unter dem Diktat der Nikotinsucht-Debatte zunehmend in den Hintergrund gedrängt worden ist.[15]

Egal ob man es nun Sucht, Gewohnheit oder Abhängigkeit nennt, mit Jakob Sullum kann man sagen: »Die Beobachtungen legen nahe, daß Sucht ein Verhaltensmuster und keine chemische Reaktion ist; daß sie in der Beziehung einer Person zu einer Substanz, nicht aber in der Substanz selber liegt.«[16]

In der neueren, kritischen Suchtforschung wird in diesem Zusammenhang von einem »habitualisierten Verhalten« gesprochen, das von einer Vielzahl »unterschiedlicher kultureller und sozialer, individueller und mentaler Variablen« abhängt.[17]

Einen entscheidenden Einwand gegen die Substanzsucht liefern auch die Beobachtungen, die man bei der Anwendung von Nikotinpflastern gemacht hat: die zahlreichen Nikotinpräparate zur Rauchentwöhnung führen meist nicht zu der Befrie-

149

digung, die offensichtlich eine Zigarette bietet.[18] Die reine Nikotinzuführung bleibt häufig ohne Effekt auf das Bedürfnis, eine Zigarette zu rauchen. Erneut ein Hinweis darauf, daß das Rauchen in seiner Genußbefriedigung komplexer ist und *nicht* allein auf ein Nikotinbedürfnis zu reduzieren ist.

Es ist im übrigen ein Kuriosum besonderer Art, daß die Zigarettenentwöhnung mit Hilfe von Nikotinpräparaten die einzige Form von ›Drogenentzug‹ ist, bei der die ›abhängig machende‹ Substanz selbst eingesetzt wird. Untersuchungen haben zudem ergeben, daß die Verabreichung von Nikotin an Nichtraucher keinerlei ›positiven Effekt‹ herbeiführt – »kein Nichtraucher käme auf die Idee, Nikotinkaugummis oder -pflaster zu benutzen«.[19]

Es gibt außerdem das Phänomen, daß manche Menschen nach Jahren der Abstinenz zum Rauchen zurückkehren, lange nachdem die Entzugserscheinungen verschwunden sind. Auch hier wird man kaum von einer biochemischen Abhängigkeit sprechen können.[20]

Daß ›Rauchsüchtigkeit‹ mehr Suggestion als Wirklichkeit ist, zeigen zudem Statistiken, die – bei allem Vorbehalt gegenüber Statistiken – belegen, daß ein Viertel aller Ex-Raucher keinen Streß beim Aufhören empfand.[21] Es gibt sogar Menschen, die haben überhaupt keine Mühe, mit dem Rauchen aufzuhören. Andere kämpfen mit dem Wunsch ein Leben lang. Wiederum andere wissen gar nicht, was sie wirklich wünschen. Und viele wollen auch einfach gar nicht aufhören. Bei den meisten aber, die es *wollen,* ist oft ein Schlüsselmoment der ›richtige Augenblick‹ – ein im Nachhinein rational nicht genau nachzuvollziehender ›Kick‹, und sie werden ohne große Anstrengungen und mehrheitlich auch ohne äußere Hilfe die Gewohnheit von einem Tag auf den anderen los.[22]

Dabei soll nicht geleugnet werden, daß es Menschen gibt, die unter einer starken Zigarettenabhängigkeit leiden: starke, zwanghafte Raucher mit einem als pathologisch zu bezeichnenden Konsumverhalten; Kettenraucher, die unter schwersten Entzugserscheinungen leiden und offenbar nicht in der Lage sind, auch nur für kurze Zeit ohne Zigaretten auszukommen. Laut offizieller medizinischer Statistik sind ungefähr 17 % aller Raucher als »stark abhängig«[23] zu bezeichnen, was nach dem Urteil einiger Forscher allerdings schon bei 20 Zigaretten täglich anfängt.[24]

Aber auch für diese Gruppe, die man sich größer vorgestellt hätte, gilt, daß diese exzessive Form des Konsums nicht ausschließlich dem Produkt anzulasten ist, ausschlaggebend ist auch hier die individuelle ›Suchtdisposition‹ im Menschen selbst.

Gleichzeitig kennt jeder Menschen, die beispielsweise nur abends rauchen – mit einem Konsum von 3–5 Zigaretten pro Tag. Es gibt auch Partyraucher, die im Alltag überhaupt kein Bedürfnis nach einer Zigarette verspüren, oder Menschen, die nur im Urlaub rauchen – aus Spaß –, und die lassen es danach genauso entspannt wieder sein. Und so gibt es mittlerweile unzählige Beispiele dafür, daß das Dogma der ›Sucht‹ systematisch herbeigeredet worden ist. Der größte und entscheidendste Beweis gegen die ›übermächtige Sucht‹ bleiben aber weiterhin die weltweit Millionen von Ex-Rauchern.

Ein viel entscheidenderer Faktor für Abhängigkeit oder Sucht sind offenbar die ›sozialen Kontexte‹ – genauer gesprochen: die Bindung des ›Drogenkonsums‹ an bestimmte ›soziale Räume‹ oder Handlungsabläufe. Was damit gemeint ist, zeigt das Beispiel von heroinabhängig gewordenen amerikanischen GIs in Vietnam. Nur 12 % hatten nach der Rückkehr in die Heimat ihre Heroinsucht zunächst beibehalten; die anderen 88 % hatten ihre Abhängigkeit, mehrheitlich ohne Entziehungskuren, einfach wieder abgelegt.[25] Zugleich hat man in Therapiegruppen festgestellt, dass die Entzugserscheinungen der Soldaten von Truppeneinheit zu Truppeneinheit erheblich variierten, innerhalb der jeweiligen Einheit aber ähnlich waren; ein Hinweis darauf, daß offenbar nicht nur das Ausmaß der ›Sucht‹, sondern auch das Entzugserlebnis von einer konkreten Erwartungshaltung beeinflußt ist, die als ein Resultat von ›sozialen Lernprozessen‹ verstanden werden kann.[26] In diesem Sinne kann Sucht bzw. Abhängigkeit in ihrer ganzen Komplexität als ein zwar automatisiertes, zwanghaftes, aber gleichwohl »erlerntes Verhalten« begriffen werden – das dementsprechend auch wieder verlernt oder verändert werden kann.[27] Wohingegen das Konzept der *Substanz-Sucht* und ihre suggestive Zwangsvorstellung einer in den Körper verlagerten Abhängigkeit die Entzugserscheinungen eher verstärkt.[28] »Die medizinische und immer stärker auch massenmedial geführte Rede von der Nikotinsucht

– also der Suchtdiskurs – schwächt die Kompetenzerwartung der Rauchenden bereits im Vorfeld jedes Entwöhnungs- und Reduzierungsversuchs und begünstigt das fatalistische Selbstkonzept: ›Das schaffe ich nie!‹«[29] – Nicht selten wird ›Süchtigkeit‹ auch zum vorgeschobenen Argument, »das die Raucher gerne benutzen zur Entschuldigung ihrer geringen Bereitschaft, wirklich mit dem Rauchen aufzuhören«.[30]

Dieser ›kontextuelle Faktor‹ ist darüber hinaus interessant: Einer der Hauptvorzüge des Rauchens ist seine große Vereinbarkeit mit dem Alltags- und Berufsleben. Ein Raucher erlebt keinerlei psychische, physische oder soziale Beeinträchtigung in seiner Leistungsfähigkeit – eher im Gegenteil. Rauchen bringt auch keinerlei negative Auswirkungen auf die Gemütsverfassung oder Persönlichkeitsstruktur mit sich. – Man bedenke: *Selbst Kaffee ist da problematischer.* Und wahrscheinlich erklärt dies auch die große Verbreitung des Rauchens: Nicht die vermeintliche Sucht ist dafür verantwortlich, sondern seine große Eingliederungsfähigkeit ins tägliche Leben.

Was schließlich im Rahmen dieser Diskussion auch nicht vergessen werden sollte: alle diese genannten Merkmale von Suchtstärke und Suchtempfinden basieren immer auf subjektiven Auskünften und Erfahrungen. Es gibt hier keinen objektiven Maßstab – dem *einen* ist das Aufhören schwergefallen, der *andere* hat es als leicht empfunden. Und schließlich kennen wir die Aussagen von Rauchern, die ihr Dilemma eingestehen, daß sie gerne aufhören würden, aber schlicht und einfach nicht könnten. – *Aber ist das die Schuld der Zigarette?*

Aus psychologischer Sicht zumindest sind solche Bekenntnisse nicht anders einzuordnen als die Eingeständnisse von Menschen, daß sie Schwierigkeiten hätten, ihr Leben besser zu organisieren, endlich pünktlicher zu sein oder auch andere Dinge in ihrem Leben zu ändern oder in den Griff zu kriegen.[31]

»Giving up is hard – what other giving up is there?«, fragt Jacob Sullum. Wie wohl bei keiner anderen Lebensgewohnheit werden wir so auf uns selbst und unsere Willensstärke zurückgeworfen, wird unser Ich so unmittelbar und schonungslos auf den Prüfstand gestellt wie bei dem Vorhaben, mit dem Rauchen aufzuhören. Daß es nicht jedem auf Anhieb leichtfällt, muß nicht verwunderlich sein.

The Big Pleasure – Der Faktor Lust als Lebensfaktor

Und nicht zuletzt, es gibt noch eine andere Seite: die angenehmen und Genuß bereitenden Effekte des Rauchens. Rauchen betäubt nicht, macht nicht betrunken, macht weder dick noch aggressiv noch müde. Dafür wirkt es außerordentlich entspannend, beruhigend und gleichzeitig anregend; es steigert erwiesenermaßen die Gedächtnis- und Konzentrationsfähigkeit, gibt Sicherheit, verhilft zu Muße und erhöht zugleich die Geistesgegenwart – und bietet so in der Tat vielfältige Möglichkeiten des Streßabbaus, des Zu-sich-Kommens, des Entspannens und Träumens. Rauchen bietet, für diejenigen, die es mögen: *Genuß!*

In einer großangelegten Meta-Studie über ›Rauchermotive‹[32] ist man sogar zu dem Ergebnis gekommen, daß Rauchen als ein komplexes soziales Verhaltensmuster aus der subjektiven Sicht des Rauchers durchaus mehr Vorteile als Nachteile bietet: Rauchen erleichtert soziale Interaktion, hilft bei Streßbewältigung, bietet vielfältige Möglichkeiten der Selbstdarstellung und Kontaktaufnahme, dient als Kommunikationsmittel, kann Zeit- und Handlungsabläufe strukturieren, Wartezeiten überbrücken und eben Genuß liefern. Dagegen stehen als Nachteile: die Kosten, soziale Ablehnung, unangenehme Begleiterscheinungen und Gesundheitsrisiken.

An der Gegenüberstellung ist aber noch etwas anderes interessant. Im Gegensatz zu den sogenannten ›opiatischen Süchten‹ zielt das Rauchen ausdrücklich nicht auf die Herbeiführung eines *Rauschzustandes*, sondern nur ganz schlicht auf die Stillung eines Bedürfnisses. Genauso liegt der Schwerpunkt der erneuten Bedürfnisentstehung nicht im Nachlassen einer Rauschwirkung, sondern – eher im Gegenteil – im Aufkommen eines erneuten ›Lust-Empfindens‹. Mit anderen Worten, das Geheimnis des Rauchens beruht weniger auf seinen Konsumeffekten als vielmehr auf einer immer wieder zurückkehrenden, kontrollierten Lust-Entstehung.

Wir erinnern uns in diesem Zusammenhang an die anregende Wirkung des Nikotins auf das »Glückshormon« Serotonin. Interessant ist, daß die Wirkstoffe, die in Antidepressiva verwendet werden, ganz ähnliche Effekte erzielen. Auch insofern ist Rauchen in der Tat eher lust-*weckend* als lust-*stillend*. – Wie Studien nahelegen, rauchen generell depressive Menschen häufiger. Ohne daß man es groß bemerkt hätte, fungiert die

Zigarette offenbar seit Jahrhunderten als höchst ›diskretes‹
Antidepressivum: In einer anderen Zeit hätte man diesen
therapeutischen Effekt als medizinische Entdeckung gefeiert.
So aber steht er in Konkurrenz zu Produkten der Pharma-
industrie.

Man kann es mit den Worten der lateinamerikanischen
Dichterin Cristina Peri Rossi aber auch folgendermaßen formulieren:

»Bachblüten, Psychoanalyse nach Freud, Jung, Klein, Lacan;
Verhaltenstherapeuten, Kognitionspsychologen, Psychiater,
Antipsychiater, Psychologen, Sozialarbeiter – Überleben in
der entwickelten, postindustriellen Welt scheint ohne ›Hil-
fen‹ unmöglich. Ich bin fünfzig Jahre alt geworden ohne einen Therapeuten. Meine persönliche Therapie war die Zigarette, billiger, effizienter und weniger konfus als ein Psy-
choanalytiker. Die Zigarette spricht nicht, aber sie verschafft
mir Lust.«[33]

Rauchen als Garant gegen Lustlosigkeit. Rauchen als eine zuverlässige Quelle des ›Lust-haben-Werdens‹. Das ist eine faszinierende Dimension, die jedenfalls weit über die biochemische
Wechselwirkung von Hormonkonzentrationen hinausreicht.
Ihre ganze Tragweite wird spürbar, wenn wir uns vor Augen
führen, wie wichtig die Lust für unser tägliches Leben ist: die
Lust zu essen, zu trinken, zu denken, zu arbeiten, den Tag anzu-
gehen. Richtig bewußt wird uns ihre Bedeutung häufig erst in
ihrer Abwesenheit, wenn in Form von Langeweile, Appetitlosigkeit oder Arbeitstrott das Leben zu einer mühseligen, quäleri-

schen Last wird. Man kann sogar von einer Grundbefindlichkeit des Menschen sprechen, für den das Vermeiden von Unlust und die Suche nach Lust geradezu zu den natürlichen Instinkten gehört. Und nicht nur die wortspielerische Nähe von ›Suche‹ und ›Sucht‹ (die keine etymologische ist) macht deutlich: Falls wir im Leben von irgend etwas *abhängig* sind, dann von dieser Lust des Lebens: ohne Lust kein Leben.

Das gilt übrigens auch für so ›ernste‹ Bereiche wie das Wirtschaftsleben. Wie ein in der »Süddeutschen Zeitung« (19. 1. 2004) erschienener Artikel mit dem Titel »Teure Unlust« darlegt, entsteht der deutschen Wirtschaft durch »fehlendes Engagement am Arbeitsplatz« – anders gesagt: grassierende *Lustlosigkeit* – ein gesamtwirtschaftlicher Schaden von jährlich 247 bis 260 Milliarden Euro. In Anbetracht der hohen Folgekosten für Wirtschaft und Gesundheitswesen, die dem Rauchen immer wieder zum Vorwurf gemacht werden, darf man sagen: Die Rechnung wurde ohne den Wirt gemacht.

Im Zustand alltäglich drohender Lustlosigkeit kann die Zigarette Abhilfe verschaffen – als zuverlässige kleine ›Lustbeimischung‹ oder Belohnung, als Erlösung von Trott, Leere und Langeweile. Und schon geht das Leben etwas leichter von der Hand. – Für einen passionierten Raucher ist die sogenannte ›Sucht‹ eine ›garantierte Lust‹. Und nichts ist irritierender, als wenn zuweilen selbst diese ›Lust-Sucht‹ oder ›Sucht-Lust‹ zu rauchen ausbleibt; wenn ein Raucher mitunter verdutzt feststellt, ›keine Lust auf eine Zigarette zu haben‹ und die Folge ein perplexes Gefühl aus Erstaunen und Leere sein kann.

Die Freiheit des Rauchens

Der Vorwurf der Sucht beschämt den Raucher, weil er auf seine verwundbarste Stelle abzielt: seine Willensschwäche! Aber dahinter verbirgt sich, philosophisch betrach-tet, womöglich ein großer Denkfehler. Jedenfalls dürfte klar sein: Roboter oder Computer rauchen nicht; auch bei Tieren ist die Nikotinsucht weitgehend unbekannt. Woraus zu schließen ist, daß nicht so sehr ›Willensschwäche‹ und auch nicht mangelnde *Intelligenz* für das Phänomen des Rauchens verantwortlich sind. Es ist eher andersherum: Wo kein Wille ist, ist auch kein Raucher. Wir rauchen, weil wir Menschen sind, mit einem Willen ausgestattete, vernunftbegabte Menschen.

Und ›Menschsein‹ ist eine sehr schwierige Angelegenheit – voller Herausforderungen, Unvorhersehbarkeiten, Ausgeliefertheiten und mit ständig auf uns einbrechenden neuen, fremden Erfahrungen – im Beruf, im Alltag, in der Liebe, im Krieg.

Und vielleicht ist genau diese Grenzlinie der Wirklichkeitsbewältigung, gleichsam die *Grenze* zwischen Mensch und Welt, der Ort, wo das Rauchen seine Berechtigung und Sinnstiftung findet; als eine Brücke und Stütze, mal als ›Bindeglied‹, mal als ›Sicherheitsabstand‹ – oder auch zuweilen als eine ›Wolke‹. Um es mit den Worten einer anonymen Ex-Raucherin zu sagen: Rauchen als das Bedürfnis, eine Wolke – einen Puffer – zwischen sich und die Wirklichkeit zu schieben.

Aber wer sind *wir*? Und was *ist* die Wirklichkeit? Wie gesehen, haben wir nur wenig Einfluß auf die Voraussetzungen unseres Lebens: Unseren Körper können wir uns genausowenig

›aussuchen‹ wie unsere genetischen Anlagen oder unsere soziale Herkunft. Zuletzt verbringen wir ein Leben lang damit, uns *selbst* kennenzulernen. So ist in diesem Wirrwarr aus Vorherbestimmungen und Rätseln das Rauchen das magische Ritual, das uns immer wieder über die Klippen und Abgründe des Lebens hinweghilft. Ist das Rauchen ein Mittel, das uns in Anbetracht all dieser Unwägbarkeiten für jeweils kurze Augenblicke ein gewisses Maß an *Kontrolle* zurückgeben kann. Liegt nicht gerade darin die Freiheit des Rauchens? Je nach Wunsch oder Bedarf kann ich den Griff zur Zigarette ausführen oder auch sein lassen: am Ende liegt es – ohne jeden Zweifel – einzig und allein in meiner Hand.

Entscheidend am Ende ist: Keine noch so machtvolle Theorie der Sucht kann den Menschen aus dieser Freiheit entlassen. Auch hier ist der Mensch, nach der Formel Sartres, »zur Freiheit verdammt«: »Für Sartre ist das Versagen der mit noch so großer Entschiedenheit gefaßten Entschlüsse [mit dem Rauchen aufzuhören] ein Beweis für das Nichtvorhandensein eines Determinismus, ein Beweis für die Freiheit, in der wir uns allen Entschlüssen der Vergangenheit gegenüber befinden.«[34] Sartre demonstriert das anhand des Dostojewskischen Spielers: Die ›Freiheit des Willens‹ erweist sich gerade in der Vorläufigkeit aller getroffenen Entscheidungen, die jederzeit in der Gegenwart neu auf den Prüfstand gestellt werden können und *müssen*.

Eine ironische Variante hierzu findet sich in Italo Svevos »Zeno Cosini«, dessen Leben aus einem unablässigen Zwang zu

›guten Vorsätzen‹ besteht; darunter vor allem der, mit dem Rauchen aufzuhören. Zermürbt vom ebenso unablässigen Scheitern, erklärt ihm ein Freund, daß seine Krankheit nicht durch die Zigarette, sondern durch seinen Vorsatz bedingt sei: »In mir hätten sich im Lauf der Jahre zwei Menschen entwickelt: der eine befahl, der andere war Sklave, der, sobald die Zügel locker wurden, aus Lust an der Freiheit dem Willen des Herrn entgegenarbeitete. Es sei notwendig, ihm vollkommene Freiheit zu geben.«[35]

Freiheit als Abschied von der ›Tyrannei‹ des moralischen Vorsatzes. Nicht in der ›Willensstärke‹ allein liegt die Freiheit, sondern in der immer wieder neuen Herausforderung der Wahlfreiheit: Zwischen dem *Zwang zur Zigarette* und dem *Zwang, aufhören zu wollen* steht in der Mitte das Ich-Bewußtsein und muß die Wahl treffen zwischen zwei Herren des Wollens, die sich zuweilen wie zwei Tyrannen gebärden.

Genau darin aber besteht die Herausforderung: daß diese Wahl nicht auf Zwang und Vorschriften, sondern auf Freiheit beruht – und diese Freiheit beginnt im Denken.

Wenn es den Gegnern des Rauchens tatsächlich so sehr um Freiheit geht – wo ist sie, die würdevolle und stets zu verteidigende Idee der Freiheit? Die unabdingbare Freiheit des Menschen, im Zweifel selbst entscheiden zu dürfen, wovon er abhängig ist.

1 Jacob Sullum: For Your Own Good, S. 245

2 Hasso Spode: Alkoholische Getränke. In: Thomas Hengartner und Christoph Maria Merki: Genußmittel. Frankfurt a. M., Leipzig 2001, S. 34 f.

3 Italo Svevo: Zeno Cosini. Reinbek 1988, S. 41

4 Jacob Sullum: For Your Own Good, S. 234

5 Ebd. S. 234 f.

6 Ebd. S. 234 f.

7 Ebd. S. 235

8 Orig.: »A cluster of physiological, behavioural and cognitive phenomena of variable intensity, in which the use of a psychoactive drug (or drugs) takes a high priority. The necessary descriptive characteristics are preoccupation with a desire to obtain and take the drug and persistent drug-seeking behaviour. Determinants and the problematic consequences of drug dependence may be biological, psychological or social and usually interact.« In: Henner Hess, Birgitta Kolte und Henning Schmidt-Semisch: Kontrolliertes Rauchen. Freiburg i. B. 2004, S. 72

9 Henner Hess u. a.: Kontrolliertes Rauchen, S. 69 ff.

10 Ebd. S. 70

11 Ebd.

12 Ebd. S. 73

13 Rahmenübereinkommen der WHO zur Eindämmung des Tabakgebrauchs, Artikel 3. http:/aerzteinitiative.at/Rahmenkonvention.html

14 Jacob Sullum: For Your Own Good, S. 242 – Nach Buchkremer sind die häufigsten psychischen Störungen bei Zigarettenentzug: Nervosität, Unruhe, Gereiztheit, Aggressivität, Schlaflosigkeit; andererseits Müdigkeit, Erschöpfungsgefühl, Zerstreutheit, Konzentrationsmangel, Benommenheitsgefühl und auch ängstliche und depressive Gestimmtheit. In: Rainer Tölle und Gerhard Buchkremer: Zigarettenrauchen. Berlin, Heidelberg et al. 1989, S. 83

15 Rainer Tölle und Gerhard Buchkremer: Zigarettenrauchen, S. 85

16 »The observations suggest that addiction is a pattern of behavior, not a chemical reaction; that it resides in a persons's relationship with a substance, not in the substance itself.« In: Jacob Sullum: For Your Own Good, S. 222

17 Henner Hess u. a.: Kontrolliertes Rauchen, S. 127 u. S. 129

18 Jacob Sullum: For Your Own Good, S. 242

19 Henner Hess u. a.: Kontrolliertes Rauchen, S.120

20 Jacob Sullum: For Your Own Good, S. 222

21 Ebd. S. 242

22 Jürgen von Troschke: Das Rauchen, S. 186

23 Knut-Olaf Haustein: Tabakabhängigkeit, S. 89

24 Rainer Tölle und Gerhard Buchkremer: Zigarettenrauchen, S. 90

25 Jacob Sullum: For Your Own Good, S. 238

26 Henner Hess u. a.: Kontrolliertes Rauchen, S. 128

27 Ebd. S. 132 f.

28 Ebd. S. 127

29 Ebd. S. 133

30 Jürgen von Troschke: Das Rauchen, S. 187

31 Jacob Sullum: For Your Own Good, S. 246 f.

32 Jürgen von Troschke: Das Rauchen. Basel 1987, S. 100

33 Cristina Peri Rossi: Die Zigarette, S. 90

34 Richard Klein: Schöner blauer Dunst. München 1997, S. 152

35 Italo Svevo: Zeno Cosini, S. 45

Ein amerikanischer Kreuzzug

Wird nicht mehr lange dauern, dann sind sie hinter allem her, nicht nur Drogen, sondern auch Bier, Zigaretten, Zucker, Salz, Fett – was Du willst. Alles was auch nur entfernt geeignet ist, die Sinne zu erfreuen, müssen sie kontrollieren. Und sie werden es kontrollieren.

Thomas Pynchon[1]

Dein Geist ist ein Hort all der unreinen Meinungen und Ketzereien, die Menschen je von sich gegeben haben; dein Herz ist ein stinkender Ausguß von Atheismus, Unzucht, Blasphemie, Mord, Hurerei, Ehebruch, Hexerei und Sodomie; so daß, wenn Du etwas Gutes in dir hast, es nur ein Tropfen Rosenöl in einer Schale Gift ist.

Auszug aus einer puritanischen Predigt aus dem 17. Jahrhundert[2]

Die Anti-Raucher-Bewegung ist uralt. Und lange bevor die Medizin ihren schließlich ablehnenden Standpunkt zum Rauchen eingenommen hatte, waren es vor allem politische und moralische Gründe, die zu einer oftmals fanatischen Bekämpfung des Rauchens geführt haben.

Außerordentlich auffällig aber ist der hohe Anteil an religiös motivierten Rauchgegnern. Rauchen als Sünde und gottloses Laster. Rauchen als ein ›theologisches Delikt‹. Es liegt nahe, die in der christlichen Glaubenstradition verankerte *asketische Grundhaltung* zum Leben als eine Art Ur-Antriebsfeder der Anti-Raucher-Bewegung ins Visier zu nehmen.

163

Ob nun katholisch-orthodoxe Morallehre, mönchische Enthaltsamkeitsdoktrin oder streng puritanische Körper- und Lustfeindlichkeit – die über alle konfessionellen Grenzen hinaus geltende Grundüberzeugung des Christentums von der durch den Sündenfall ausgelösten tiefen Verdorbenheit von Mensch und Welt hat bekanntlich immer wieder zu außerordentlich radikalen Schlußfolgerungen in der Lebensgestaltung einzelner Glaubensgemeinschaften geführt. In der Neuzeit ist es vor allem in den calvinistischen Strömungen des Protestantismus zur Ausbildung einer besonders radikalen Religiosität mit strenger Bibeltreue und äußerst genußfeindlicher Lebenseinstellung gekommen.

Im Zentrum dieser asketischen Grundhaltung aber steht – jenseits aller konfessionellen Etiketten – der Weltentwurf eines ganz bestimmten Menschentypus, dem die »eigenthümlich weltverneinende, lebensfeindliche, sinnenungläubige, entsinnlichte Abseits-Haltung« des »asketischen Priesters«[3] eigen ist. Friedrich Nietzsches »asketischer Priester« betrachtet das Leben grundsätzlich als einen »Irrweg« – »als eine Brücke für jenes andere Dasein«[4] – und wird zum Prototyp eines mißgünstigen, weltverneinenden und selbstgerechten Misanthropen, der sich mit ungeheurer missionarischer Energie zum moralischen Richter über seine Mitmenschen aufschwingt:

»Sie wandeln unter uns herum als leibhafte Vorwürfe, als Warnungen an uns, – wie als ob Gesundheit, Wohlgeratenheit, Stärke, Stolz, Machtgefühl an sich schon lasterhafte Dinge seien, für die man einst büssen, bitter büssen müsse.«[5]

Betrachtet man Religion nicht nur als eine Frage der persönlichen Glaubenseinstellung, sondern als lebensökonomisches Fundament des Menschen und seines Verhältnisses zum Leben, zu seinem Körper, zur Natur, zu Arbeit, Lust und Tod, dann tritt die kulturelle Tragweite dieses Komplexes vor Augen. Der asketische Priester wird zu einem Archetypus der christlich-europäischen Kulturgeschichte.

Zumindest mag diese Spur eine Erklärung dafür liefern, woher der große missionarische Eifer und die ungeheure Ausdauer rührt, mit der das Rauchen über die Jahrhunderte hinweg immer wieder verfolgt wurde. Der Krieg gegen das Rauchen als Religions- und Glaubenskrieg: Hat auch die moderne medizinische Kampagne gegen das Rauchen christlich-asketische Wurzeln? Die Spur führt ins Mutterland der modernen Anti-Raucher-Bewegung – nach Amerika.

No Smoking In This Area

Noch vor 50 Jahren galt die Zigarette im Land der Cowboys als *das* Symbol für Freiheit und Abenteuer, nicht nur in unzähligen Filmen mit den von Humphrey Bogart verkörperten Helden, sondern auch als millionenfacher Importartikel und Währungsersatz im befreiten Nachkriegs-Europa. Heute dagegen wird das Rauchen mit einer Gnadenlosigkeit verfolgt, die an alte inquisitorische Zeiten erinnert. Zuletzt hat die Stadt New York ein totales Rauchverbot in allen öffentlichen Lokalen erlassen, wobei allein das Aufstellen von Aschenbechern bußgeldpflichtig ist.

Auf der Straße darf man laut Gesetz nicht näher als 6 Meter mit einer brennenden Zigarette an ein Gebäude herantreten. In Parkanlagen darf man im Gehen zwar rauchen, im Sitzen ist es unter Strafe gestellt.[6] In Kalifornien ist mittlerweile auch das Rauchen am Strand verboten.

Nach einer Welle von millionenschweren Gerichtsverfahren gegen die Zigarettenhersteller kam es zu Milliardenvergleichen mit der Tabakindustrie. In New York kostet eine Packung Zigaretten mittlerweile knapp 7,50 $. Rauchenden Müttern kann per Gesetz das Sorgerecht entzogen werden. Immer mehr Firmen verlangen von ihren Mitarbeitern, sich das Rauchen abzugewöhnen, oder weigern sich grundsätzlich, Raucher anzustellen. Mit Zwangsurintests und sogar per Lügendetektor werden Kontrollen durchgeführt. Kürzlich machte ein Unternehmen in Michigan Schlagzeilen, weil es vier Beschäftigten, die einen Nikotintest verweigert hatten, die Kündigung aussprach.

Über das ganze Land hat sich ein dichtes Netz von unzähligen Anti-Raucher-Vereinigungen ausgebreitet, die im engen Zusammenschluß mit staatlichen Behörden und mächtigen medizinischen Verbänden ihre Schlingen immer enger um die Raucher schnüren.[7]

Die öffentliche Meinung wird von den Tabakgegnern beherrscht. Wer es wagt, Einwände gegen die strengen Anti-Raucher-Maßnahmen zu erheben – oder sie zumindest als übertrieben ansieht –, wird als Kollaborateur der verbrecherischen Tabakindustrie beschimpft. Wissenschaftlern, die Zweifel an der offiziellen Lehrmeinung äußern, geschieht das gleiche – bis hin zu persönlicher Verunglimpfung und Streichung von Forschungsgeldern.

Die öffentlichen Verfahren gegen die Vertreter der Tabakindustrie erinnern an die Praktiken spätmittelalterlicher Hexenprozesse. Das Protokoll der öffentlichen Anhörung des Senatsausschusses über die Gefahren des Tabaks von 1994, bei der die sieben führenden Tabakchefs vorgeladen wurden, bestätigt diesen Eindruck: in der Eröffnungsrede des Ausschuß-Vorsitzenden Waxmann wird das Urteil der Anhörung vorweggenommen.[8]

Die religiösen Begleittöne in der amerikanischen Anti-Raucher-Kampagne sind unüberhörbar. Auffällig ist die hohe Zahl an missionarischen Einzelpersönlichkeiten, die immer wieder mit unerschütterlichem Sendungsbewußtsein den Feldzug gegen das Rauchen vorangetrieben haben.

So Luther Terry, der durch den nach ihm benannten »Terry-Report« zum Initiator der modernen Anti-Raucher-Kampagne wird; oder Joe Califano, Gesundheitsminister unter Carter, der das Rauchen zum »Public Health Enemy Number One« erklärt; David A. Kessler, der als Commissioner der »Food and Drug Administration« jahrelang bemüht ist, Zigaretten als »Droge« unter die Aufsicht seiner Behörde zu stellen, und Rauchen als »Pedriatic Disease« (Kinderkrankheit) deklariert; oder auch Stanton A. Glantz, Mitbegründer der »Californian for Non-smokers' Rights« und einer der aggressivsten Aktivisten gegen das Passivrauchen.

Und nicht zuletzt C. Everett Koop, der 1984 als Surgeon

General unter Reagan das *Passivrauchen* als Gesundheitsrisiko entdeckt und das Ziel einer rauchfreien Gesellschaft (»smoke-free society«) bis zum Jahr 2000 verkündet. Koop, der als bekennender evangelikaler Christ wie kein anderer die Bedeutung seines Glaubens für seine berufliche Laufbahn betonte, bezeichnet Rauchen als ein Erzübel und prägt den Begriff der »Anti-Smoking Crusade«.[9] Aufgrund seines äußeren Erscheinungsbildes (mit altertümlichem Backen- und Spitzbart) wurde er häufig mit einem alttestamentarischen Propheten verglichen – in einer Ausgabe des »People«-Magazin von 1986 wird sein Leben als eine »mission from God« beschrieben.

Ein eindrucksvolles Beispiel für die religiösen Wurzeln der amerikanischen Anti-Raucher-Bewegung liefert eine Internet-Seite mit dem Titel »Morality-Based ethics versus cigarette-selling« (»Moralische Grundsätze gegen den Verkauf von Zigaretten«). Auf über dreißig Seiten wird mit alttestamentarischen Bibelzitaten haarklein bewiesen, warum Rauchen und das Verkaufen von Tabakwaren eine absolute Todsünde ist. Den Auftakt macht ein Zitat aus 1. Korinther 3, 16–17: »Wenn jemand den Tempel Gottes verdirbt, den wird Gott verderben, denn der Tempel Gottes ist heilig.« Zum besseren Verständnis: mit dem Tempel Gottes ist der menschliche Körper gemeint.[10]

In göttlicher Mission: Die Puritaner

Amerika – die große Nation demokratischer Freiheiten, unerschütterlicher Fortschrittsgläubigkeit und Vorreiter eines schier grenzenlosen Konsum-Kapitalismus – ist zugleich ein tiefreligiöses Land. Etwa 40% der Bevölkerung besuchen sonntags regelmäßig einen christlichen Gottesdienst (in Europa sind es 5%), 33% meinen, die Bibel sei wörtlich zu nehmen, 47% betrachten sie als direkt von Gott inspiriert.

Diese tiefe christlich-fundamentalistische Prägung Amerikas reicht zurück bis in die Zeit der kolonialen Frühbesiedelung mit einem überproportional hohen Anteil an puritanischen Gemeinden. Allein zwischen 1620 und 1640 waren etwa 20000 englische Puritaner in das Gebiet von Neu-England ausgewandert und hatten dort zahlreiche Siedlungen gegründet.

Als deren Hauptziel bezeichnet 1694 Joshua Scottow, ein früher Chronist der Massachussetts Colony, »die Errichtung des Königreichs Gottes«.[11] Viele Puritaner empfanden ihre Ankunft in Amerika »als Einzug des verbannten Gottesvolkes in ein neues Gelobtes Land«. Sie hatten mit »Gott einen Bund geschlossen«, um in Amerika das *neue Jerusalem* zu errichten.

Auch in der berühmten »Manifest Destiny« oder in Schlagworten wie »God's own Country« spiegelt sich diese tief in der amerikanischen Gesellschaft verankerte, gleichsam ›staatsreligiöse Züge‹ tragende Grundüberzeugung einer höheren Bestimmung Amerikas wider. Und bereits hier wird ein wesentliches Merkmal auch der amerikanischen Anti-Raucher-Bewegung sichtbar: Das puritanische Amerika – wie jeder einzelne Auserwählte – ist zutiefst von der Überzeugung durchdrungen, in gleichsam ›höherem Auftrag‹ mit der heilsgeschichtlichen Errettung der Menschheit betraut zu sein.

Von maßgeblichem Einfluß ist dabei die äußerst sittenstrenge und bibeltreue Glaubenslehre des Puritanismus. Weil der Mensch seit dem Sündenfall geistig tot geboren wird, muß er spirituell ›wiedergeboren‹ werden. Hierzu sind eine »strikte Selbstdisziplin, Selbstbeherrschung und Selbstbezwingung«[12] gefordert oder wie es einer ihrer Vordenker, William Perkins, formuliert: »Askese in Worten, Speisen, Umgang, Erholung, Aussehen, Gestik«.[13]

Spitze Zungen wie der amerikanische Schriftsteller H.L. Mencken nannten den Puritanismus einfach nur »die bohrende Angst, daß irgendjemand, irgendwo glücklich sein könnte«.[14]

Asketische Weltabgewandtheit und strikte Genußentsagung werden zum religiösen Grundsatzprogramm: Poesie durfte niemals *zu schön* sein, Theater war verpönt oder sogar verboten. Sport, Kartenspielen, selbst Heiterkeit lösten Mißmut und Empörung aus. Ob lange Haare, lose Kleidung, untätiger Müßiggang – die Puritaner waren besessen vom Glauben, »den Zorn Gottes auf sich zu ziehen, wenn man nur ein paar Stunden etwas anderes tat als arbeiten oder beten«.[15] Kein Wunder, daß hier zuletzt auch das Rauchen als Verschwendung, Sünde und Laster ins Fadenkreuz der Glaubenseiferer geraten ist.

Das Stichwort der *Verschwendung* rechtfertigt zudem einen kleinen Exkurs zum Thema ›protestantische Arbeitsethik‹. Denn zweifellos gehört der Vorwurf der ›Verschwendung‹ neben Schädlichkeit und Sucht zu den klassischen Argumenten gegen das Rauchen und kann geradezu als ›wirtschaftsreligiöse Dimension‹ der Anti-Raucher-Bewegung bezeichnet werden.

Er verweist zugleich auf das faszinierende Paradox der amerikanischen Gesellschaft, einerseits tief in der puritanischen Verzichtsethik verankert zu sein, andererseits einen geradezu entfesselten Konsumkapitalismus hervorgebracht zu haben.

Wegweisend ist hier die von Max Weber entwickelte These über den Zusammenhang zwischen protestantischer Arbeitsethik und modernem kapitalistischem Unternehmertum. In Anlehnung an Luther war es auch im Calvinismus zu einer fundamentalen Aufwertung des Berufes als ›Berufung‹ gekommen: hartes Arbeiten und weltzugewandtes Erwerbsstreben werden bei gleichzeitig strikter Sparsamkeit und Genußentsagung zum Ideal calvinistischer Lebensführung. Genau dies aber sind nach Weber auch die Grundprinzipien des modernen kapitalistischen Unternehmers.

»Nicht freilich für Zwecke der Fleischeslust und Sünde, wohl aber für Gott dürft ihr arbeiten, um reich zu sein«, hatte schon der einflußreiche puritanische Geistliche Richard Baxter (1615–1691) verkündet.[16] Die paradoxe Folge: Unternehmerischer Gewinn und Reichtum werden im Verlauf eines zunehmend ›profanisierten‹ Puritanismus zum Zeichen ›göttlicher Gnade‹. So betrachtet gegen Ende des 19. Jahrhunderts John D. Rockefeller sen. seinen Reichtum als »göttliche Belohnung für seinen Glauben«, während Andrew Carnegie vom »Evangelium des Wohlstands« spricht.[17]

Anders gesagt: Rauchen verstößt gegen die Grundlehren der kapitalistischen ›Wirtschaftsreligion‹, es symbolisiert Müßiggang, Faulheit, Eigensinn und Disziplinlosigkeit. Auch schon die von James I. vorgebrachten Vorwürfe gegen das Rauchen zielten auf die eingeschränkte Leistungsfähigkeit der Untertanen. Jüngste Überlegungen in Deutschland, Rauchpausen vom Lohn abzuziehen, entstammen einer ähnlichen Geisteshaltung.

Gleichwohl kann das ›Evangelium des Wohlstandes‹ nicht darüber hinwegtäuschen, daß die strengen Grundsätze der puritanischen Glaubenslehre das Leben der Gläubigen zu einer höchst widersprüchlichen und selbstquälerischen Angelegenheit und ständigen Zerreißprobe werden ließen:

> »Die Theologie sagte ihm, Menschen seien moralische Krüppel und unwerte Erdenwürmer, und doch war er ein Saint, ein Heiliger. Er war überzeugt erwählt zu sein, und hegte doch tiefe Zweifel an seiner Erwählung. (…) Er sollte eine gottgefällige City-upon-a-Hill errichten, und das in einer Welt, die längst dem Verfall geweiht war. Er sollte mit Freuden seinem calling nachgehen, (…) und doch sollte er sein Herz nicht an Irdisches hängen, sondern jenseitsgerichtet leben.«[18]

Die Folgen sind eine »drastische Selbstverleugnung« und gleichzeitig »besessene Selbstbeschäftigung«, die Züge eines umgekehrten, perversen Narzißmus tragen.[19] Es ist sicherlich nicht überzogen, wenn man sich hier an Symptome manisch-depressiver oder schizophrener Persönlichkeitsstörungen erinnert fühlt. Es erklärt die oftmals hysterischen Reaktionsweisen, mit denen die Puritaner auf ihre Umwelt reagieren, die latente Neigung zu Hypochondrie und Paranoia – die ständige Sorge, »sich anzustecken bei den Sündigen«.[20] Amerika als eine »Culture of

Fear«: Die Parallelen zur modernen Anti-Raucher-Hysterie liegen auf der Hand.

Kultur der Widersprüche

Die puritanischen Grundlehren sind nämlich keineswegs als verstaubtes Relikt vergangener Zeiten anzusehen, vielmehr sind sie zu einem universellen Merkmal der amerikanischen Kultur geworden, weit über alle konfessionellen Grenzen hinaus.

Belege hierfür sind nicht nur die große Zahl an fundamentalistisch orientierten Gläubigen, die starke Präsenz der Kirchen in den Medien, die schon standardisierten Rituale öffentlicher Gebete und Glaubensbekenntnisse im politischen Leben. Auffällig sind auch ›kulturästhetische‹ Symptome, die puritanische ›Hysterie des Auges‹, die strenge Zugeknöpftheit im amerikanischen Fernsehen, sprachliche Tabus und Zensureingriffe, Bier muß in der Öffentlichkeit in Papiertüten eingehüllt werden – ein Hinweis darauf, daß allein die Sichtbarkeit des ›Lasters‹ ein Problem darstellt.

Geradezu sprichwörtlich ist die puritanische Lust- und Körperfeindlichkeit, die auch heute noch in Amerika in Form einer weit verbreiteten öffentlichen Prüderie, aber auch in zahlreichen bizarren Sexualgesetzen ihren Niederschlag findet. So ist laut Gesetz in 23 Bundesstaaten Oralverkehr, auch unter Eheleuten, verboten; darf in texanischen Schlafzimmern bei intimen Begegnungen kein Licht brennen oder ist in Georgia das Entkleiden von Schaufensterpuppen ohne zugezogene Vorhänge illegal.

Zu einem Sturm der Entrüstung hat unlängst die während einer Fernsehübertragung landesweit sichtbare entblößte Brust von Janet Jackson geführt. Über 200000 Beschwerdebriefe an die amerikanische Medienaufsichtsbehörde (FCC) waren die Folge. Wie Johanna Adorján in der »Frankfurter Allgemeinen Sonntagszeitung« (vom 15.2.2004) schreibt, ist Amerika »das Land, das vor nichts auf der Welt zittert – vor Saddam Hussein nicht, vor Nordkorea nicht, vor bewaffneten Jugendlichen nicht –, außer vor entblößten weiblichen Brustwarzen«.

Bezeichnend ist auch die sogenannte ›New Virginity‹-Welle, eine wachsende Bewegung jugendlicher Christen, die im Rahmen sogenannter ›Choices Programme‹ öffentliche Jungfräulichkeits-Gelöbnisse (»Virgin Pledges«) ablegen, das heißt, sie geloben den völligen Verzicht auf Sex bis zum Eintritt in die Ehe. Als nicht unbedeutender Grund werden die zahlreichen gesundheitlichen Risiken von Sex angeführt, die den Schülern anhand von drastischen Abbildungen vor Augen geführt werden. Wie eine Studie der Columbia University jedoch festgestellt hat, halten 88 % der Jugendlichen ihre Gelübde nicht durch und sind dann aufgrund mangelnder und irreführender Aufklärung sehr viel schlechter auf ihr Liebesleben vorbereitet. Das paradoxe Resultat: Aus jugendlichen Idealisten werden zwangsläufig ›Sünder‹, und die vermeintlichen Risiken werden deutlich verstärkt statt vermindert.

Das Prinzip des Selbstwiderspruchs wird zum Grundprinzip einer ganzen Kultur: Konsum ist das oberste Gebot des Wirtschaftslebens, und Supermärkte werden zu Konsumtempeln des Überflusses, gleichzeitig gilt das Ethos des Maßhaltens und der Sparsamkeit. Die Folge ist eine Gesellschaft im ›Freßrausch‹, die gleichzeitig vom Diätwahn terrorisiert wird. Eine Gesellschaft, die das Gebot der Nächstenliebe zum Leitbild erklärt und zugleich einen ungezügelten Konkurrenzkampf exerziert. Eine Gesellschaft, die schon bei der geringsten Menge an Partikeln von Passivrauch in gesundheitliche Panik verfällt und gleichzeitig der weltweiten Luftverschmutzung mit nahezu totaler Ignoranz begegnet.

Wobei nichts darüber hinwegtäuschen kann, daß diese Widersprüche keineswegs ein exklusives Merkmal der amerikanischen Kultur sind – sie sind, in vielerlei Hinsicht, die Widersprüche des modernen Menschen *an sich*. So leben auch ›wir Europäer‹ in einem Zustand unentwegter Widersprüchlichkeit – hin- und hergerissen zwischen Konsumverführung und Konsumverteufelung, Konsumsteigerung und Konsumenthaltung, Spaßgesellschaft und Leistungsterror, sozialem Verantwortungsgefühl und egoistischem Statusdenken, geforderter Risikobereitschaft und gebotener Risikovermeidung – als umweltbesorgte Autofahrer, gesundheitsfixierte Hypochonder oder freiheitsliebende Sicherheitsfanatiker.[21]

Der Selbstwiderspruch wird zum universellen Kennzeichen des modernen Menschen, der auf die Anforderungen des modernen Lebens mit zunehmender Überforderung reagiert und daher zwangsläufig nach Lösungen Ausschau hält – im Zweifel *Radikallösungen*. Und auch in diesem Punkt kann uns Amerika allenfalls als Vorbild und Zerrspiegel unserer eigenen moralischen Zerrissenheit dienen – insbesondere wenn es auf seiner Suche nach ›dem rechten Weg‹ gelegentlich auf wohlerprobte, alteuropäische Mittel zurückgreift: Zum Beispiel Kreuzzüge.

Mit Blick auf die aktuelle Kampagne gegen das Rauchen darf man anmerken: Religiös oder moralisch inspirierte ›Kreuzzüge‹ haben in Amerika durchaus Tradition – man denke nur an die Salemer Hexenverfolgung, die Ära McCarthys, die Kampagne gegen Bill Clinton, der wegen einer Sexaffäre aus dem Amt vertrieben werden sollte, oder auch jüngst an den Feldzug George W. Bushs gegen die ›Achse des Bösen‹. – Wobei man der Gerechtigkeit halber einräumen muß, daß sich die amerikanische Gesellschaft auch immer wieder von diesen ›extremistischen‹ Perioden selbst befreit hat. Und mit Blick auf den aktuellen Anti-Raucher-Feldzug sei nicht vergessen: die weltweite Verbreitung des Rauchens – des *American Blend* – verdanken wir ebenfalls Amerika.

Die »Anti-Cigarette League«

In diesem Lichte wird es kaum verwundern, daß die aktuelle Anti-Raucher-Kampagne keineswegs den ersten Versuch darstellt, in Amerika das Rauchen zu verbieten. Bereits in den Jahren 1893–1921 war es unter dem Einfluß der landesweiten Temperenzbewegung zu strikten Rauchverboten in insgesamt 14 Bundesstaaten der USA gekommen.

Federführend hierbei war die mächtige »Women's Christian Temperance Union« (WCTU – von temperance = Mäßigung), einer auf die fundamentalistische Bewegung der protestantischen »Revivals« zurückgehende und fast ausschließlich von Frauen protestantischen Glaubens angeführte Vereinigung, die vor allem durch ihre Schlüsselrolle bei der Durchsetzung der Alkohol-Prohibition Anfang der 20er Jahre große Bedeutung erlangte.

Prominente Vorreiterin der Kampagne gegen den Tabak war die evangelikale Methodistin und Schullehrerin Lucy Gaston, die in den 1890er Jahren damit begonnen hatte, Jungen und Mädchen in Schulen und Kirchen zum »Clean Life Pledge« (Pledge = Gelöbnis, Schwur, Bekenntnis) zu bewegen. »Hiermit gelobe ich mit Gottes Hilfe von allen berauschenden Getränken und dem Gebrauch von Tabak in jedweder Form zu entsagen«.[22]

Im Jahre 1899 gründet Gaston die »Chicago Anti-Cigarette League«, die sich 1901 mit vielen ähnlichen Gruppen im Land zur »National Anti-Cigarette League« zusammenschließt. Das erklärte Ziel der Organisation, die bald schon eine Mitgliederzahl von annähernd 300 000 erreicht, ist – kurz und knapp – die völlige Abschaffung von Zigaretten.

Einen besonderen Rückhalt erfährt die Bewegung von den protestantischen Fundamentalisten aus dem ›Corn and Bible Belt‹, die ihren Argwohn gegen alles Neue und Fremde, die europäische Aufklärung und Säkularisierung und vor allem gegen die Darwinsche Evolutionstheorie richten.

»Vor allem aber führten sie ganz in der Tradition der puritanischen Lustverneinung einen moralischen Kreuzzug gegen

177

moderne verdorbene Sitten aller Art, gegen Boxkämpfe, Glücksspiele, öffentliche Tanzveranstaltungen, Jazz, den Sonntag entweihende Vergnügungen, gegen das Trinken von Alkohol (Anfang der zwanziger Jahre gab es Bibelausgaben, in denen das Wort Wein durch Traubensaft ersetzt war) und gegen den Tabakgenuß in jeder Form, besonders aber in der neuen Form der Zigarette.«[23]

Der Feldzug gegen das Rauchen wird zu diesem Zeitpunkt noch immer ausschließlich mit moralischen bzw. religiösen Argumenten geführt. So wird gegen das »Vernichtungswerk« des Tabaks gewettert, weil es die Menschen zu Verbrechern mache:

> »Man frage die Kriminologen und die Gefängnisbeamten nach den Beziehungen zwischen Tabak und Verbrechen; es wird sich zeigen, daß der wirkliche Verbrecher, der wirklich verdorbene, gewerbsmäßige Einbrecher, Straßenräuber und Dieb, der Zögling ebenso des Tabakhändlers wie des Kneipenwirts ist.«[24]

Gegen die »Teufelei« des Tabakkauens wird vorgebracht, daß es zu Lüsternheit führe, weil »die hitzigen Leidenschaften, die viele Tabakkauer sowieso schon dem anderen Geschlecht gegenüber verspüren« durch den Tabak noch gesteigert würden.[25]
Und schließlich wird klipp und klar festgestellt:

> »Trägen Geist und schlaffe Körper, unstillbaren Durst und zitternde Hände, Delirium tremens, Wahnsinn – und Tod, all das haben wir als Konsequenzen deutlich beobachten können bei ursprünglich grundanständigen jungen Leuten, die ihr Studium mit den besten Vorsätzen und Erfolgsaus-

sichten begonnen hatten und dann dem unseligen Tabakgenuß frönten.«[26]

Nur zur Erinnerung: diese Aussagen stammen aus dem frühen
20. Jahrhundert. Den Bemühungen von Lucy Gaston und ihrer
›Anti-Cigarette League‹ war bekanntlich kein anhaltender Erfolg
beschieden. Es waren vor allem die Auswirkungen des Ersten
Weltkriegs und seine nach Zigaretten verlangenden Soldaten,
die der Bewegung einen Strich durch die Rechnung machten.

Der Einfluß der Anti-Cigarette League geht dramatisch zurück. Nach internen Querelen gibt Gaston schließlich entnervt
auf und kehrt nach Chicago zurück, wo sie – Ironie der Geschichte – 1924 an Kehlkopf-Krebs stirbt.

Drei Jahre später widerruft Kansas seine Anti-Zigaretten-
Gesetze – und von 1930 an sind Zigaretten wieder in allen Bundesstaaten erlaubt.

Die »Prohibition«

Der vermutlich entscheidende Grund für das Scheitern der Bewegung aber war, daß das Land allzu sehr mit den Auswirkungen der Prohibition beschäftigt war.

Das eigentliche Ziel – und gewissermaßen ›Paradestück‹ –
der WCTU war nämlich die Durchsetzung der landesweiten
Alkohol-Prohibition, bei der (durch das berühmte 18. Amend-
ment der amerikanischen Verfassung) in der Zeit von 1917 bis
1933 die Herstellung, der Transport und der Verkauf von Alkohol im Gebiet der Vereinigten Staaten unter Strafe verboten
war.

Das Interesse an diesem Ereignis liegt aus Rauchersicht auf der Hand: die Prohibition repräsentiert den ›Ernstfall‹ einer bis zum Äußersten gehenden, genußfeindlichen Verbotspolitik. Insbesondere ihr Grundprinzip weist dabei viele Gemeinsamkeiten mit der heutigen Anti-Raucher-Bewegung auf: ein *singulär herausgestelltes Produkt* wird zum Erzübel und Hauptschuldigen einer Vielzahl von gesundheitlichen und gesellschaftlichen Problemen erklärt. Für die Temperenzlerinnen verkörperte der Alkohol den »individuellen moralischen Verfall«, die soziale Krankheit am Volkskörper, den »Angriff der Hölle auf Gottes eigenes Land«.[27] Blättert man in den Broschüren der modernen Anti-Smoking-Groups, erhält man den Tabak betreffend einen ähnlichen Eindruck.

Ebenso wie beim Rauchen werden diese Überzeugungen mit großem missionarischem Sendungsbewußtsein vertreten. Gruppen wie die »Women Crusaders« in Hillsboro, Ohio, machten den Anfang. Sie stürmten die örtlichen Spirituosenläden und forderten die Besitzer mit einem offiziellen Appell auf, dem Verkauf von Alkohol abzuschwören:

»Sie kennen, genau wie wir, die furchtbaren Auswirkungen von berauschenden Getränken. Wir, die Frauen der Stadt Hillsboro, haben nach ernstem Gebet und reiflicher Überlegung beschlossen, Sie aufzufordern, von diesem verderblichen Gewerbe abzusehen (…); im Namen Gottes, der sowohl Sie als auch uns richten wird, für das Heil Ihrer eigenen Seelen, die gerettet oder verloren sein mögen, bitten wir, drängen wir Sie, sich von der abscheulichen Sünde zu reinigen und sich einzureihen bei jenen, die sich bemühen, die eigene Existenz und die ihrer Mitbürger zu veredeln und zu erhöhen.«[28]

Im Falle einer Weigerung begannen die Frauen im Laden Gebete zu sprechen und christliche Lieder zu singen. Mit den Worten Voltaires (im »Candide«) möchte man sagen: »Herrgott, zu welchen Ausschreitungen vermag doch der Religionseifer die Frauen zu verleiten.«

Die Bewegung, deren einzelne Gruppierungen sich mit Namen wie »Kill-Joy-Group« schmücken, wächst schnell zu einer landesweiten Strömung heran und führt 1874 zur Gründung der »Women's Christian Temperance Union«. Bis zur Jahrhundertwende wird sie zur mitgliederstärksten Frauenbewegung der Welt. 1895 folgt die Gründung der nationalen »Anti-Saloon League« mit der Verkündung der *»single issue«*: die Durchsetzung der landesweiten ›Prohibition‹. Zu ihren Aktivitäten gehören »Abstinenzlektionen in Sonntagsschulen« und »Anti-Alkohol-Gottesdienste«.

Durch die strikte Ausrichtung auf das *eine* Ziel vermeidet die Bewegung eine komplexere Programmatik und verlegt sich auf die Strategie der ›simple message‹ (›einfachen Botschaft‹). Auch das ist eine Parallele zur modernen Anti-Tabak-Bewegung: komplexe soziale Fragestellungen zu Gesundheit, Krankheit und menschlichen Konsumbedürfnissen werden pauschal mit der Bekämpfung eines ›Kernübels‹ beantwortet.

Wie auch die moderne Anti-Raucher-Bewegung, so legt sich die Prohibitions-Bewegung ein nach außen hin ›unschuldiges‹

Erscheinungsbild zu und macht sich gleichzeitig moralisch ›unangreifbar‹. Ein durchaus gewichtiger Punkt, wenn man bedenkt, wie schwer es ist, die Genuß- oder Rauschbedürfnisse von Menschen gegenüber der moralischen Makellosigkeit des Abstinenzlers zu verteidigen.

Zugleich dauert es nicht lange, und die Bewegung stellt ihre ursprünglich moralisch-religiös motivierte Kampagne auf ›wissenschaftliche Füße‹ und liefert ›medizinische Beweise‹. Das heißt: auch beim Alkohol wird im ausgehenden 19. Jahrhundert aus der ›Sünde‹ ein ›medizinisches Laster‹.

Man rufe sich die historischen Argumente gegen das Rauchen in Erinnerung und vergleiche sie mit den Forderungen der Prohibitionisten, die damit begründet werden, daß

»… exakte wissenschaftliche Forschung (…) demonstriert [hat], dass Alkohol ein narkotisches Gift ist, das den menschlichen Körper zerstört und degeneriert, und dass [durch] seine Verbreitung als Getränk oder Bestandteil von Lebensmitteln eine lähmende wirtschaftliche Bürde auf die Schultern des Volkes legt, in einem entsetzlichen Maße den Durchschnittsstandard des Charakters unserer Bürgerschaft herabsetzt, dadurch die öffentliche Moral und die Grundlagen demokratischer Institutionen untergräbt, weitverbreitete Kriminalität, Armut und Geisteskrankheit hervorruft, Hunderttausenden Bürgern Seuche und vorzeitigen Tod bringt und ihre ungeborenen Kinder degenerieren läßt, um dadurch die zukünftige Unversehrtheit der Nation und ihr Fortleben an sich zu gefährden.«[29]

Vor allem protestantische Ärzte leisten wissenschaftliche ›Schützenhilfe‹ und liefern mit dem Begriff des »sozialen Alkoholismus« eine theoretische Neuorientierung, die schließlich in den Theorien der *Eugenik* einmündet:

»Alkohol greift die Fundamente des rassischen Fortschritts selbst an. Laborexperimente haben uns gelehrt, dass sogar kleine Mengen Alkohol die höchstentwickelten Zellen des Körpers – das Gehirn, die Nerven, die rassisch bedeutsamen Zellgruppen der Fortpflanzungsorgane – schädigen.«[30]

Hinter den moralisch-religiösen Motiven der Kampagne kommen unverhohlen sozialpolitische und rassistische Ressentiments zum Vorschein.

Und nicht zuletzt stehen hinter alldem auch handfeste wirtschaftliche Interessen. Denn für eine funktionierende Wirtschaft braucht man zuverlässige Arbeitskräfte. Wer sich für deren Disziplinierung einsetzt, hat auch die Konzernherren – die Carnegies und Rockefellers – auf seiner Seite, die sowohl die Bewegung gegen den Tabak wie auch die gegen den Alkohol tatkräftig unterstützen. So sind auch hier die vorgeblich gesundheitlichen Argumente zutiefst verknüpft mit Fragen sozialer Disziplinierung und wirtschaftlicher Effizienz. Die moralischen Glaubensgrundsätze der ›protestantischen Arbeitsethik‹ lassen herzlich grüßen.

Dazu gehört auch die gezielte Diffamierung der Hersteller alkoholischer Getränke; insbesondere die meist deutschstämmigen Bierfabrikanten werden öffentlich scharf angegriffen und verunglimpft, genauso wie heute die Tabakkonzerne, die als

Verbrecher und Mörder beschimpft werden. Dahinter steckt beides Mal dieselbe Strategie: Ein übles Produkt muß von üblen Herstellern stammen – und üble Hersteller können natürlich nur üble Produkte herstellen. Die Logik ist zirkulär.

Und nicht zuletzt kann man an beiden Bewegungen das Phänomen beobachten, wie sie im Laufe der Zeit zu höchst profitablen und mächtigen Wirtschaftsunternehmen heranwachsen. Innerhalb der WCTU entsteht ein eigenes ›Presseimperium‹, mit einer straff organisierten Akquisitions-Praxis werden Millionensummen durch Spenden und Vorträge angehäuft.[31] Ähnliche ökonomische ›Nebeneffekte‹ sind zweifellos auch bei den modernen amerikanischen Anti-Smoking Groups zu beobachten. Hinter den uneigennützigen, unschuldigen Fassaden von ›Wohlfahrtsverbänden‹ entstehen erstaunliche wirtschaftliche Verflechtungen. Anders gesagt: Man kann von dem Thema richtig gut leben.

Nur leider ging es nicht gut aus. – Im Gegensatz zu den vorgeblich hehren Zielen und Versprechungen ihrer Initiatoren hat sich die Prohibition als ein gewaltiges gesellschaftspolitisches Fiasko erwiesen. Dazu gehören: der kometenhafte Aufstieg der Mafia zur mächtigen Untergrundorganisation, der dramatische Anstieg von Gewalt, Kriminalität und Korruption, drastische gesundheitliche Folgen mit jährlich steigenden Todeszahlen (illegale Fuselherstellung mit immer höherem Alkoholgehalt); aber auch generell die schleichende Unterwanderung des Rechtsbewußtseins, die flächendeckende Ausbreitung öffentlicher Heuchelei und Doppelmoral aufgrund juristischer Doppeldeutigkeiten (Verkauf verboten, Konsum nicht) – bis hin zu einer handfesten Verfassungskrise. Nach nur wenigen Jahren drohte das Land in Gewalt und Chaos zu versinken. Verglichen mit dem vermeintlichen Übel, das hier ursprünglich beseitigt werden sollte, eine wahrlich erschütternde Bilanz.

(Man darf am Rande anmerken: In der Tat gab es ein gewisses ›Alkoholproblem‹, das nicht zuletzt auf das weit verbreitete Einwanderer-Elend, extreme soziale und ethnische Spannungen, aber auch Mangel an sauberem Wasser und hygienisch unbedenklicher Milch zurückzuführen war. Bis zur Einführung der Prohibition war der jährliche Alkoholverbrauch auf 9 l pro Kopf angestiegen. Im statistischen Vergleich geben diese Zahlen jedoch keinerlei Anlaß zur Panik: In Deutschland beispielsweise liegt der aktuelle Durchschnittsverbrauch bei 10,5 l pro Kopf, der bisherige Spitzenwert von 1985 lag bei 12,5 l.)

Zugleich sind die katastrophalen Folgen der Prohibition keineswegs als Überraschung anzusehen. Daß eine überzogene, wirklichkeitsfremde und gegen die Natur des Menschen gerichtete Verbotspolitik kontraproduktive Symptome hervorruft und zu vielfältigen gesellschaftlichen und sozialen Deformationen führt, hat man schon häufiger beobachten können.

Exkurs – Gesellschaft & Drogen
Als ein gutes Beispiel aus der Gegenwart kann hier außerdem der von den USA angeführte ›War on drugs‹ dienen, bei dem sowohl innenpolitisch als auch weltpolitisch ähnliche Folgen zu

beobachten sind. Das Kernmuster ist immer dasselbe: Am Anfang steht die Angst – die Angst vor dem Unkontrollierbaren und Fremden, vor sozialer Entgleisung und Verwahrlosung. Diese Angst erzeugt Verbote, diese Verbote erzeugen illegale Märkte, die illegalen Märkte erzeugen lukrative Gewinnspannen, und lukrative Gewinnspannen erzeugen eine entsprechend skrupellose Kriminalität mit all ihren Folgen der sozialen Ausgrenzung und Verelendung. Es entsteht eine Wechselwirkung: Kriminalisierung durch Dämonisierung, Dämonisierung durch Kriminalisierung. An der Tatsache und gleichsam faktischen Realität, daß die Menschen zu allen Zeiten, in allen Kulturen und in allen Gesellschaftsschichten immer wieder auf den Gebrauch von Drogen (oder rauscherzeugenden Substanzen) zurückgegriffen haben, ändert das wenig.

Dahinter aber verbirgt sich offenkundig ein urmenschliches Anliegen, das so alt ist wie die Menschheit selbst. Erste Zeugnisse von Wein- und Opiumanbau im Mittleren und Nahen Osten reichen bis 7 000 v. Chr. zurück. Schon bei den alten Ägyptern, Indern, Persern und Griechen war der Gebrauch von Hanf- und Mohnprodukten, Kokasträuchern, Fliegenpilz oder Eisenhut bekannt. Selbst in der Bibel wird der im Vollrausch nackt schlummernde Noah geschildert, dessen erste Tat nach Landung der Arche die Pflanzung eines Weinbergs gewesen ist.

Nicht ganz zu Unrecht hat man das Bedürfnis nach Rausch zuweilen auch als eine ›anthropologische Konstante‹ bezeichnet. Zugleich unterlag der Gebrauch von Rauschmitteln immer auch strengen Regeln, er war häufig eingebunden in rituelle Zeremonien oder wurde auch schlicht und einfach unter harte Strafen gestellt und verboten.

Nicht immer steckt ›Logik‹ dahinter: so ist der Alkohol ein in Europa weitgehend toleriertes oder sogar anerkanntes ›Rauschmittel‹, während er in den arabischen Ländern unter strenger Strafe steht. Umgekehrt wird dort, zumindest in manchen Ländern, der Gebrauch von Cannabis geduldet, während er in fast allen westlichen Ländern verboten ist.

Dennoch: Die längste Liste an gebräuchlichen Drogen hat seit jeher die westliche Zivilisation zu bieten, die neben traditionellen pflanzlichen Mitteln und dem Alkohol nahezu alle weltweit erhältlichen Substanzen von Kaffee, Tabak, Tee bis hin zu Hanf und Opium in ihren Kulturraum importiert hat. Heute sind zunehmend die synthetischen Drogen auf dem Vormarsch.

Neben ihren berauschenden Funktionen, etwa im griechischen Dionysos-Kult oder auch im mittelalterlichen Karneval, dienten ›Drogen‹ aber immer auch der physischen Leistungssteigerung und Arbeitsbewältigung. Bei den Indianern war es der Tabak, in Südamerika der Kokastrauch, in Indien der Hanf, die ein oft von harter körperlicher Arbeit geprägtes und entbehrungsreiches Leben erst erträglich machten. Die Grenze zum Arzneimittel ist oft fließend – man denke nur an Schmerzlinderung, Hungerstillung, Verdauungsförderung oder Schlafmittel. In der westlichen Moderne ist hier die *Apotheke an jeder Straßenecke* zum legitimen ›Drogenbeschaffungsort‹ geworden.

So ist Wirklichkeitsflucht immer nur ein Teilaspekt von

Drogen, nicht weniger bedeutsam ist ihre Rolle als Mittel zur Streß- und Wirklichkeitsbewältigung. Das gilt auch für die Moderne: Symptome wie chronische Müdigkeit, Dauerstreß, endogene Depressionen, Verstopfung – und generell Angst und Überforderung – nehmen im elektronischen Hochgeschwindigkeits-Zeitalter zu und werden mit einer dramatisch ansteigenden Zahl an Medikamenten behandelt. »Der Mensch als Produkt eines Anpassungsprozesses an die Beschleunigungskräfte der Informationstechnologien ist auf psychoaktive Substanzen zur Herstellung eines inneren Gleichgewichts angewiesen.«[32] Über diese These von Günter Amendt kann man sicherlich streiten, doch allein die enormen Umsätze deutscher Apotheken sprechen durchaus dafür.

Solche Aussagen ignorieren zudem die kreative und lustvolle Seite des Rausches, des Rausches als Inspirationsquelle für Kunst und Literatur (Stichworte: Schillers Stechapfel, Goethes und Hegels Rotwein – Richard Wagner soll einmal gesagt haben: »Die ›Götterdämmerung‹ verdanke ich einer Kiste Havannas.«), als Mittel der Grenz- und Bewußtseinserweiterung oder auch den, wie Nietzsche ihn nennt, »Rausch des Festes, des Wettkampfes, des Bravourstücks, des Siegs, ...«[33] Jenseits aller Nützlichkeitserwägungen gehört der Rausch zur Lebensekstase. Beim griechischen Orakel von Delphi offenbarte die durch das »Einatmen von Rauch aus Lorbeer und Gerstenmehl«[34] berauschte Priesterin Pythia das göttliche Orakel. »Das Wahre ist so der bacchantische Taumel, an dem kein Glied nicht trunken ist.«[35]

Seit jeher gilt wohl folgende Spielregel: Drogen, die den politischen Zielen von Wirtschaft und Politik entgegenkommen, werden toleriert oder gefördert. Die Wende der Tabakprohibition im angehenden 20. Jahrhundert in Amerika erfolgt im Verlauf des Ersten Weltkrieges. Die mehrheitlich chinesischen Arbeiter beim Bau der transkontinentalen Eisenbahnlinie in den USA durften Opium rauchen; als sie nach der Fertigstellung zu Konkurrenten auf dem freien Arbeitsmarkt wurden, setzten die ersten Restriktionen ein. Der Beginn des Feldzuges gegen Cannabis, das bis in die zweite Hälfte des 19. Jahrhunderts in über der Hälfte aller in den USA verkauften Medikamenten enthalten war, fällt zusammen mit der Erfindung und Einführung des Aspirins 1898. Cannabis war zu einem Konkurrenzprodukt geworden.[36]

Damit ist eine weitere Seite der Verbotspolitik umrissen: heuchlerisch, inkonsequent und widersprüchlich, zumeist von wirtschaftlichen Interessen und sozialen Ressentiments diktiert. Statt dem Bürger sein ›Grundrecht auf Selbstschädigung‹ in kontrolliertem Ausmaß zuzubilligen, entsteht ein gigantischer krimineller Raum mit fatalen ›Nebenwirkungen‹.

Die groteske Folge: Die Verbotspolitik selbst ist maßgeblich verantwortlich für das gesellschaftliche Elend, das sie zu bekämpfen vorgibt. Die Drogenbarone Kolumbiens und die durch den Opiumhandel mächtig gewordenen Warlords Afghanistans wissen, wem sie ihre gigantischen Einnahmequellen zu verdanken haben. Im eigenen Land hingegen praktiziert Amerika eine harsche Anti-Drogen-Politik mit einer rabiaten Rechtsprechung und überfüllten Gefängnissen in einem Ausmaß, das nach Stand der Dinge in keinem Verhältnis zu der vermeintlichen Bedrohung steht.

Mit Blick auf den aktuellen Feldzug gegen das Rauchen und seine teilweise rabiat geführten Kampagnen muß die entscheidende Frage lauten: Woher kommt dieses Sendungsbewußtsein? Woher kommt diese ungeheure moralische Empörung, Selbstgerechtigkeit, ja Selbstherrlichkeit? Woher kommt dieser rastlose Bekehrungseifer? Daß Menschen ihre ganze Lebenskraft dafür einsetzen – und zum Teil sogar ein Lebenswerk daraus machen –, anderen Menschen vorschreiben zu wollen, wie sie zu leben haben?

1 Detlef Bluhm: Wenn man im Himmel nicht rauchen darf, gehe ich nicht hin, S. 181
2 Georg Raeithel: Geschichte der nordamerikanischen Kultur. Frankfurt a. M. 2002, S. 36 f.
3 Friedrich Nietzsche: Zur Genealogie der Moral. In: Sämtliche Werke. Kritische Studienausgabe in 15 Bänden, Band 5. München, Berlin, New York 1980, S. 360
4 Ebd. S. 362
5 Ebd. S. 369
6 Interview mit Art Spiegelmann über Nichtraucher. In: Süddeutsche Zeitung vom 6./7. 9. 2003
7 (1) Action on Smoking and Health (ASH), Americans for Nonsmokers' Rights, Citizens against Tobacco, etc. – (2) Centers for Disease Control and Prevention (CDC), Federal Trade Commission (FTC), Food and Drug Administration (FDA), Environmental Protection Agency (EPA) etc. –

(3) American Lung Association, American Heart Association, American Cancer Society etc.

8 Ausschnitte aus der Anhörung in der Fernsehdokumentation: »Die letzte Zigarette«. Bayerisches Fernsehen, 31.8.2003

9 Jacob Sullum: For Your Own Good, S. 59 f.

10 Wer neugierig geworden ist:
http://medicolegal.tripod.com/bibvcigs.htm

11 Georg Raeithel: Geschichte der nordamerikanischen Kultur. S. 27

12 Ebd. S. 41

13 Ebd. S. 31

14 Ebd. S. 86

15 Ebd. S. 121

16 Matthias Kuchenbrod: Unternehmerethos und Asketischer Protestantismus – http://people.freenet.de/matkuch/tutweb.htm

17 Alister E. McGrath: Johann Calvin. Zürich 1991, S. 322

18 Georg Raeithel: Geschichte der nordamerikanischen Kultur, S. 47

19 Ebd. S. 37

20 Ebd. S. 27

21 Ein ähnlicher Gedanke bei Jürgen von Troschke: Das Rauchen, S. 95. – Außerdem: Hans Dieter-Gelfert: Typisch amerikanisch. München 2002, S. 51 ff.

22 »I hereby pledge myself with the help of God to abstain from all intoxicating liquors as a beverage and from the use of tobacco in any form.« In: Jacob Sullum: For Your Own Good, S. 30

23 Henner Hess: Rauchen, S. 50

24 Ebd. S. 51

25 Ebd. S. 51 f.

26 Ebd. S. 52

27 Thomas Welskopp: Die große Ernüchterung. Wirtschaft, Gesellschaft und Politik der USA in der Zeit der Prohibition, 1919–1933. Berlin 2001, S. 2

28 Sarah K. Roberts: Women's Christian Temperance Union (WCTU). University of Virginia 2000.
http://religiousmovements.lib.virginia.edu/nrms/wctu.html

29 Thomas Welskopp: Die große Ernüchterung. Wirtschaft, Gesellschaft und Politik der USA in der Zeit der Prohibition, 1919–1933, S. 12

30 Ebd. S. 11 f.

31 Ebd. S. 15 f.

32 Günter Amendt: No Drugs, No Future. Hamburg 2003, S. 15

33 Friedrich Nietzsche: Götzen-Dämmerung. In: Sämtliche Werke. Kritische Studienausgabe in 15 Bänden. Band 6, S. 116

34 Egon Caesar Conte Corti: Die trockene Trunkenheit, S. 18

35 Georg Wilhelm Friedrich Hegel: Phänomenologie des Geistes. In: Werke in 20 Bänden. Frankfurt a. M. 1986, S. 46

36 Günter Amendt: No Drugs, No Future, S. 80

»Das Leben als Irrweg«

> *Hier wimmeln die Würmer der Rach- und Nachgefühle; hier stinkt*
> *die Luft nach Heimlichkeiten und Uneingeständlichkeiten;*
> *hier spinnt sich beständig das Netz der bösartigsten Verschwörung -. (…)*
> *Und welche Verlogenheit, um diesen Haß nicht als Haß einzugestehn!*
> *Welcher Aufwand an großen Worten und Attitüden, welche Kunst*
> *der »rechtschaffenen« Verleumdung!*
>
> Friedrich Nietzsche[1]

Der asketische Priester

Wie wenige andere hat sich Friedrich Nietzsche mit den Abgründen der christlich-asketischen Seele beschäftigt und dazu einige seiner schillerndsten Gedanken hervorgebracht. In der 3. Abhandlung der Genealogie der Moral – »Was bedeuten asketische Ideale?« – können wir, wie vielleicht nirgendwo sonst, in diese Abgründe hineinschauen. Der Blick lohnt sich auch deshalb, weil das asketische Leben keineswegs eine Exklusiv-Erfindung des Puritanismus ist, sondern vielmehr eine der »breitesten und längsten Thatsachen« der Menschheitsgeschichte ist.[2] Nietzsche mutmaßt, von einem fernen Gestirn aus betrachtet würde die Erde wahrscheinlich als der »eigentlich asketische Stern« erscheinen, als

> »ein Winkel mißvergnügter, hochmüthiger und widriger
> Geschöpfe, die einen tiefen Verdruß an sich, an der Erde, an
> allem Leben gar nicht loswürden und sich selber soviel

Wehe thäten als möglich, aus Vergnügen am Wehethun: – wahrscheinlich ihrem einzigen Vergnügen.«[3]

Nietzsche verurteilt das asketische Leben nicht grundsätzlich, bei Künstlern und Philosophen beispielsweise ist es als ein Mittel der Sublimierung und geistigen Steigerung anzutreffen. Beim ›asketischen Priester‹ allerdings wird dieses Mittel maßlos, es wird zum »non-plus-ultra«; es geht weit über Entsagung und Triebverdrängung hinaus und nimmt grausame Züge einer Selbstverstümmelung, Entsinnlichung und Entfleischung an.

Es ist »die tiefe Depression, die bleierne Ermüdung, die schwarze Traurigkeit der Physiologisch-Gehemmten …«[4], die den asketischen Priester umtreibt. Deshalb auch ist er ein zutiefst boshafter und neidischer Mensch; sein Blick richtet sich,

> »grün und hämisch gegen das physiologische Gedeihen selbst, in Sonderheit gegen dessen Ausdruck, die Schönheit, die Freude; während am Missrathen, Verkümmern, am Schmerz, am Unfall, am Häßlichen (…) ein Wohlgefallen empfunden und *gesucht* wird.«[5]

Die wahre Ursache für diese Weltsicht aber besteht laut Nietzsche darin, daß der asketische Priester »den Schmerz und die Schädlichkeit, die er im Leben entdeckt, in Wahrheit tief in sich selbst« trägt. Das Wesen des asketischen Lebens ist daher (genau wie in den oben vernommenen, kritischen Urteilen über den Puritanismus) Selbstverneinung und Selbstwiderspruch und – mehr als alles andere – Selbsthaß.

Zugleich hält der Leidende Ausschau nach Gegenmitteln.

Zu einem der markantesten Kennzeichen gehört die »machinale Thätigkeit« oder auch der »Segen der Arbeit«, das heißt:

> »die absolute Regularität, der pünktliche besinnungslose Gehorsam, das Ein-für-alle-Mal der Lebensweise, die Ausfüllung der Zeit, eine gewisse Erlaubniss, ja eine Zucht zur ›Unpersönlichkeit‹, zum Sich-selbst-Vergessen, zur ›incuria sui‹ –.«[6]

Ihre große Erleichterung besteht darin, »daß das Interesse des Leidenden grundsätzlich vom Leiden abgelenkt wird«. Auch hier sind die Parallelen zum Puritanismus bzw. zur protestantischen Arbeitsethik frappierend: der asketische Priester ertränkt seine Depressionen in Arbeitswut.

Ein weiteres Mittel gegen das beständige Gefühl »dumpfer Unlust« ist der unwiderstehliche Drang zur »Heerden-Organisation«[7] – oder wie Nietzsche es auch nennt: »die Erweckung des Gemeinde-Machtgefühls, demzufolge der Verdruss der Einzelnen an sich durch seine Lust am Gedeihen der Gemeinde übertäubt wird –«.[8]

Anders gesagt: der asketische Leidensmensch sucht Trost, Bestärkung und Zuflucht im Schoß der Gemeinde, neigt zur Sektenbildung, zum Zusammenschluß in Vereinen und Wohlfahrtsbewegungen und nicht zuletzt – wie wir wissen – zur Gründung von Anti-Raucher-Verbänden.

Aber der asketische Priester läßt es nicht bei diesen Trostmitteln bewenden. Er erfindet das *Leiden als Passion*:

> »Die Leidenden sind allesammt von einer entsetzlichen Bereitwilligkeit und Erfindsamkeit in Vorwänden zu schmerz-

haften Affekten; sie geniessen (...) das Grübeln über Schlechtigkeiten und scheinbare Beeinträchtigungen, sie durchwühlen die Eingeweide ihrer Vergangenheit und Gegenwart nach dunklen fragwürdigen Geschichten (...) – sie reissen die ältesten Wunden auf, sie verbluten sich an längst ausgeheilten Narben, sie machen Übelthäter aus Freund, Weib, Kind und was sonst ihnen am nächsten steht. ›Ich leide: daran muss irgend Jemand schuld sein‹ – also denkt jedes krankhafte Schaf.«[9]

Nietzsche nennt es die »Affekt-Entladung« des asketischen Priesters: Um Erleichterung, das heißt generell »Betäubung von Schmerz« zu erlangen, lenkt der Leidende seinen Selbstwiderspruch und Selbsthaß in einen »Krieg gegen andere«.

»Jeder Leidende sucht nämlich instinktiv zu seinem Leid eine Ursache; genauer noch einen Thäter, noch bestimmter, einen für Leid empfänglichen *schuldigen* Thäter, – kurz, irgend etwas Lebendiges, an dem er seine Affekte (...) auf irgendeinen Vorwand hin entladen kann: denn die Affekt-Entladung ist der größte Erleichterungs- nämlich *Betäubungs*-Versuch des Leidenden, sein unwillkürlich begehrtes Narcoticum gegen Qual irgend welcher Art.«[10]

So bietet die Affektentladung *die* ultimative Form der ›Kompensation‹ und erklärt in unserem Zusammenhang die rastlose, bisweilen fanatische Bekehrungswut der Anti-Raucher-Priester.

»Unter ihnen giebt es in Fülle, die zu Richtern verkleideten Rachsüchtigen, welche beständig das Wort ›Gerechtigkeit‹ wie einen giftigen Speichel im Munde tragen«.[11]

So zieht der asketische Priester in einen unentwegten »Krieg mit den Raubthieren«, der zwangsläufig ein »Krieg der List« ist:

> »Er bringt Salben und Balsam mit, es ist kein Zweifel; aber erst hat er nöthig, zu verwunden, um Arzt zu sein; indem er dann den Schmerz stillt, den die Wunde macht, *vergiftet er zugleich die Wunde* – darauf vor Allem nämlich versteht er sich, dieser Zauberer und Raubthier-Bändiger, in dessen Umkreis alles Gesunde nothwenig krank und alles Kranke nothwendig zahm wird.«[12]

Auf nahezu unmerkliche Weise wird im Krieg der List die Rollenverteilung von ›Übeltäter‹ und ›Übelnehmer‹ auf den Kopf gestellt: Selbst Anstifter des Übels, spielt sich der asketische Priester schon im nächsten Atemzug als der zu Hilfe eilende Retter und Heilsbringer auf. Das erklärt auch, warum eine offene und ehrliche Konfrontation über seine Beweggründe nicht möglich ist: Zu den unverwechselbaren Charakterzügen dieses Menschentyps gehört die Heuchelei und die notorische Attitüde der inneren Unschuld.

Doch nicht allein die Lüge, »*sondern die eingefleischte Unschuld in der moralischen Verlogenheit*« ist nach Nietzsche das Merkmal ›moderner Seelen‹:

> »Die eigentliche Lüge (…) wäre für sie etwas bei weitem zu Strenges, zu Starkes; es würde verlangen, (…) dass sie die Augen gegen sich selbst aufmachten, dass sie zwischen ›wahr‹ und ›falsch‹ bei sich selber zu unterscheiden wüssten. Ihnen geziemt alleine die unehrliche Lüge; Alles, was

sich heute als ›guter Mensch‹ fühlt, ist vollkommen unfähig, zu irgend einer Sache anders zu stehn als unehrlich-verlogen, abgründlich verlogen, aber unschuldig-verlogen, treuherzig-verlogen, blauäugig-verlogen, tugendhaft-verlogen.«[13]

Wir haben damit alles beisammen: Das asketische Ideal, die machinale Tätigkeit, der Drang zur Herdenbildung, das Mittel der Affekt-Entladung, der Krieg der List und die »eingefleischte Unschuld in der moralischen Verlogenheit« – treffender ist der Geist des modernen Gesundheitsapostels und Anti-Raucher-Priesters nicht zu beschreiben.

Ihr Herzstück aber ist die grausame Seele, deren Werk sich keineswegs nur gegen die Raucher, sondern insgesamt gegen das Leben richtet. Dahinter aber verbergen sich ›außerordentlich gute Gründe‹ …

Der Sinn des Lebens

So kommen wir aus gegebenem Anlaß zu einer der wichtigsten und zugleich wohl am schwersten zu beantwortenden Fragen des Lebens: der Frage nach dem Sinn des Lebens – die zugleich die religiöse Kernfrage der menschlichen Existenz ist. *Warum bin ich auf der Welt? Wie soll ich leben? Was geschieht nach dem Tod?* Und seit jeher hat die Menschheit in der Religion Trost, Bestätigung und Sicherheit gesucht.

Laut Nietzsche aber ist seit der kopernikanischen Wende diese Sicherheit in Gefahr,

»scheint der Mensch auf eine schiefe Ebene gerathen, – (…) rollt [er] immer schneller nunmehr aus dem Mittelpunkt weg – wohin? In's Nichts? in's *durchbohrende* Gefühl seines Nichts«[14]

Und dieses Nichts verfolgt den Menschen als das große *Horror vacui* der Sinnlosigkeit. Warum leben? Warum arbeiten? Warum alle die Mühen und Leiden ertragen? *Für nichts?* – Genau darin aber liegt die überwältigende Macht und Anziehungskraft, die das ›asketische Ideal‹ für den Menschen bereithält:

»Der Mensch, das tapferste und leidgewohnteste Thier, verneint an sich *nicht* das Leiden: er *will* es, er sucht es selbst auf, vorausgesetzt, dass man ihm einen *Sinn* dafür aufzeigt, ein *Dazu* des Leidens. Die Sinnlosigkeit des Leidens, *nicht* das Leiden, war der Fluch, der bisher über der Menschheit ausgebreitet lag, – *und das asketische Ideal bot ihr einen Sinn!*«[15]

Mit einem Schlag macht alles *Sinn*: die innere Angst, Leere und Schwermut werden wie durch einen Handstreich umgewandelt in eine gloriose Botschaft der Auserwähltheit und Unsterblichkeit. Der Leidende hatte damit nicht nur einen Sinn, er hatte vor allem auch ein Ziel:

»… der Mensch war damit *gerettet*, er hatte einen *Sinn*, er war fürderhin nicht mehr wie ein Blatt im Winde, ein Spielball des Unsinns, des ›Ohne-Sinns‹, er konnte nunmehr etwas *wollen* (…). Man kann sich schlechterdings nicht verbergen, *was* eigentlich jenes ganze Wollen ausdrückt, das vom asketischen Ideale her seine Richtung bekommen hat:

dieser Hass gegen das Menschliche, mehr noch gegen das Thierische, mehr noch gegen das Stoffliche, dieser Abscheu vor den Sinnen, vor der Vernunft selbst, diese Furcht vor dem Glück und der Schönheit, dieses Verlangen hinweg aus allem Schein, Wechsel, Werden, Tod, Wunsch, Verlangen selbst – das alles bedeutet (…) einen *Willen zum Nichts*, einen Widerwillen gegen das Leben, eine Auflehnung gegen die grundsätzlichsten Voraussetzungen des Lebens, aber es ist und bleibt ein *Wille*! … Und um es noch zum Schluss zu sagen, was ich Anfangs sagte: lieber will noch der Mensch *das Nichts* wollen, als *nicht* wollen …«[16]

Das Faszinierende an dieser philosophischen Theorie ist, daß ungefähr *zur selben Zeit*, mit der Rückkehr der Entdecker des neuen Kontinents, auch die Verbreitung des europäischen und weltweiten Rauchens seinen historischen Anfang nahm. Auf die Frage, warum das Rauchen gerade zu diesem Zeitpunkt eine so bereitwillige Aufnahme in der Welt gefunden hat, gibt Richard Klein eine frappierende Antwort:

»Die Einführung des Tabaks in Europa im sechzehnten Jahrhundert fiel mit dem Beginn des Zeitalters der Angst zusammen, dem Erwachen des modernen Bewußtseins, das mit der Erfindung und Verbreitung des Buchdrucks, der Entdeckung der Neuen Welt, der Entwicklung rationaler Methoden in der Wissenschaft und dem gleichzeitigen Verlust der theologischen Rückversicherungen des Mittelalters einherging.«[17]

Wie Tom Hodgkinson kommentiert: »Wir taten dem lieben Gott so leid, daß er uns den Tabak schenkte.«[18] Oder anders gesagt, Raucher und Anti-Raucher entstammen im Grunde derselben Krise, die man die Ur-Krise des menschlichen Lebens nennen kann: wie soll ich – ohne jede Rückversicherung – dieses unglaubliche Leben aushalten? – Nur daß sie zu völlig unterschiedlichen Mitteln greifen. Zugleich erklärt sich aus dieser Verwandtschaft heraus auch die erbitterte Gegnerschaft zwischen Religion und Rauchen:

> »Die Geistlichkeit begriff sofort, daß sie es mit einer bewußtseinsverändernden Droge zu tun hatte, einer machtvollen Quelle des Vergnügens und des Trostes, die in Konkurrenz zu ihren eigenen Betäubungsmethoden und Patentrezepten zu treten drohte.«[19]

So ist die ultimative Sinnfrage auch immer eine Lustfrage. Der Raucher beantwortet sie mit dem Griff zur Zigarette, der Antiraucher wählt das asketische Ideal – die sich beide als Mittel und Gegenmittel desselben Leidens erweisen.

So wird auch die Mutmaßung nachvollziehbar, daß der Anti-Raucher womöglich am Raucher bekämpft, was er in Wahrheit *an sich selbst bekämpft*[20]: Lust, Entspannung, Freude, Lockerheit. Und für den radikalen Typus des ›Konvertiten‹ gilt: Weil ihm die Verführungen des Lebens so besonders nah und vertraut sind, muß er sie mit besonderer Inbrunst bekämpfen. Insofern ist, in der Tat, die Auseinandersetzung um das Rauchen als ein Religionskrieg zu betrachten.

Der asketisch-entfesselte ›Wille zum Nichts‹ aber ist die ultimative Formel des Nihilismus. Er ist der geistige Nukleus einer offenkundig tief im Menschen verwurzelten Wut und Feindschaft gegen das Leben und Quelle einer immer wieder in der Geschichte der Menschheit aufscheinenden Untergangssehnsucht.

1 Friedrich Nietzsche: Zur Genealogie der Moral. In: Sämtliche Werke. Kritische Studienausgabe in 15 Bänden. Band 5, S. 368 f.
2 Ebd. S. 362
3 Ebd.
4 Ebd. S. 377
5 Ebd. S. 363
6 Ebd. S. 382
7 Ebd. S. 384
8 Ebd.
9 Ebd. S. 375
10 Ebd. S. 373 f.
11 Ebd. S. 369
12 Ebd. S. 373
13 Ebd. S. 385 f.
14 Ebd. S. 404
15 Ebd. S. 411
16 Ebd. S. 412
17 Tom Hodgkinson: Anleitung zum Müßiggang, S. 187
18 Ebd.
19 Richard Klein: Schöner blauer Dunst, S. 32
20 Ruediger Dahlke: Psychologie des blauen Dunstes, S. 30 f.

Die ›Gesundheitsdiktatur‹

Keiner beabsichtigt, mündige Bürger zu gängeln und gesundheitsgerechtes Verhalten durch Gesetze oder Auflagen zu erzwingen. (…) *Die Maßnahmen werden ausgewogen sein müssen. Sie sollen auf dirigistische Eingriffe verzichten und das eigenverantwortliche Handeln stärken. Sie sollen überzeugen, nicht Zwang ausüben.*

Antwort der Bundesregierung auf die kleine Anfrage
der Abgeordneten Vogt u. a. bzgl. der Auswirkungen
des Zigarettenrauchens, 1974

Wir kennen die wesentlichen Bestandteile der Anti-Raucher-Bewegung: ihre moralischen Beweggründe und ihre religiösen Wurzeln, ihre strategische Vereinnahmung der Wissenschaft und ihre latente Neigung zur Paranoia. Die Summe all dieser Momente ergibt einen religiös-medizinischen Komplex, den man als ›Gesundheitsdiktatur‹ bezeichnen kann.

Das ist ohne Zweifel ein dramatischer Begriff, der sich wegen seiner Nähe zum Gesundheitskult des Nationalsozialismus sicherlich den Vorwurf polemischer Übertreibung gefallen lassen muß. Aber wir gebrauchen ihn in einem vorwiegend kultur-ästhetischen Sinne. Seine Merkmale sind: ideologische Glorifizierung und Verklärung von Gesundheit in Form eines omnipräsenten Gesundheitskultes, moralische Denunzierung von Abweichlern, eine ständige ›Feindbeschwörung‹ und damit einhergehend die Herbeiführung von einer Art ›Dauerkriegszustand‹ zur Abwehr dieser zahlreichen Gegner sowie – nicht zuletzt – das Heilsversprechen gesundheitlicher Seligkeit. Die Rhetorik der ›Gesundheitsdiktatur‹ gipfelt immer in der Maxime: ›Menschen retten‹.

Zum Wohle der Volksgesundheit

Trotz aller Unvergleichbarkeit: Die Gesundheitspolitik der Nazi-Medizin weist durchaus Parallelen zu den heutigen Zuständen auf. Die Nazis haben nicht nur die modernen Anti-Raucher-Maßnahmen vorweggenommen, vielmehr wurde in der Nazi-Ideologie das Thema ›Volksgesundheit‹ generell zu einem Schwerpunkt der medizinischen Forschung. Entscheidend ist das Denkmodell – das, was man heute »Public Health« nennt. Die Nazi-Mediziner waren die ersten, »die eine leidensfreie Gesundheitsgesellschaft verwirklichen wollten, indem sie das, was zu ihrer Zeit wissenschaftlich als Gesundheit galt, standardisierten und über geeignete Programme für die gesamte Bevölkerung verbindlich machten.«[1]

So arbeiteten die Nazis auf dem Gebiet der Umweltgifte, untersuchten die Langzeitwirkungen von Mikrosubstanzen wie Arsen, Blei, Quecksilber und Asbest und beschäftigten sich mit der Lebensmittelforschung, die zu Beschränkungen von Pestiziden und Farbstoffen in der Lebensmittelherstellung führte. Schon Jahrzehnte vor der Ökowelle propagierten Nazi-Mediziner eine gesunde und ballaststoffreiche Ernährung und warnten vor den schädlichen Auswirkungen des Alkohols. Eine besondere Förderung erfuhr die Sojabohne, auch als ›Nazi-Bohne‹ bekannt. Per Gesetz wurden die Bäckereibetriebe während des Nationalsozialismus dazu angehalten, Vollkornbrot zu produzieren. Als geradezu zukunftsweisend kann auch die Einführung strenger Gesundheits- und Sicherheitsvorschriften am Arbeitsplatz betrachtet werden: alles zum Wohle der Volksgesundheit.[2]

Heute wissen wir, daß nicht humanistische ›Volksfürsorge‹ oder Menschenliebe Hintergrund für diese Forschungen war, sondern die Ideologie der Rassenhygiene, deren Hauptziel es war, ›die Leistungsfähigkeit der Rasse zu stärken‹.

Vorläufer dieser Ideologie war die Lehre der Eugenik (›Erbgesundheitslehre‹), die 1883 von dem britischen Naturforscher F. Galton begründete »Wissenschaft von der Verbesserung körperlicher und geistiger Merkmale der Menschheit«. Vor allem in den USA, der Schweiz, Deutschland und Teilen Skandinaviens hatte die Eugenik großen Zulauf und eine breite institutionelle Unterstützung erfahren.[4] Durch die »Gesetze zur Verhinderung von Schwachsinn und Kriminalität« kam es in den 20er und 30er Jahren in den USA zu massenhaften Heiminternierungen und zu über 60 000 Zwangssterilisationen von psychisch Kranken, geistig Behinderten oder ›krankhaft‹ Kriminellen.[5]

Die NS-Medizin in der Tradition der Eugenik war also keineswegs nur eine abstruse Verirrung einer politisch vereinnahmten Wissenschaft, sondern vielmehr eine höchst konsequente, gleichwohl äußerst radikale Fortführung derselben. In diesem Sinne wurde etwa auch der Tabak als ein »schleichend wirkendes Rassengift« betrachtet – »ein von Juden über die finsteren Kneipen eingeschlepptes Unterweltlaster«.[3]

Moral und Medizin gehen eine grausame Koalition ein. Die krankhafte Verdammung von Krankheit wird zur medizinischen und politischen Norm. Es kommt zur systematischen Diskriminierung des Andersartigen.

> »Hitler und seine Anhänger waren besessen von körperlicher Reinheit und wollten ein exklusives, sanitäres Utopia, wo das Wasser, die Arbeit, die Lungen des ›erwählten Volkes‹ rein sind.«[6]

Hitler selbst wurde dem Volk als Vorbild einer gesundheitsbewußten Lebensführung präsentiert. Er war bekennender Anti-Alkoholiker, Nichtraucher und Vegetarier. Noch als junger Mann und erfolgloser Künstler in Wien hatte er täglich bis zu 40 Zigaretten geraucht. Wie Reichsjugendführer Baldur von Schirach in »Hitler, wie ihn keiner kennt« erzählt, hat Hitler später behauptet, daß es wohl nie zur »Wiedergeburt Deutschlands« gekommen wäre, »hätte er die Glimmstengel nicht eines Tages in die Donau geworfen«.[7]

Hitler als extremistische Variante des asketischen Priesters: im Gesundheitskult der Nazis verschmelzen medizinisches Denken und religiöser Wahn zu einer politischen Ideologie.[8]

Pseudoreligiöse Töne sind auch in der modernen ›Gesundheitsdiktatur‹ zu vernehmen. Gesundheit wird zum absoluten *Nonplusultra*, zum 11. Gebot. Sie wird zugleich unantastbar und unangreifbar – de facto ist es unmöglich, *gegen* Gesundheit zu sein. Im Umkehrschluß heißt das, wer nichts *für* die Gesundheit tut, wird per se verdächtig. Gesundheit wird zu einem überaus mächtigen ordnungspolitischen Instrument: als individuelle Bürgerpflicht, als ökonomische Bringschuld, als moralisches Postulat, als Legitimationsgrundlage für gesetzgeberische Maßnahmen. Wobei es völlig egal ist, daß niemand genau weiß, was Gesundheit wirklich ist.

Das hygienische und diätere Verhalten von Menschen wird systematisch unter Dauerbeobachtung gestellt. Flutwellen von Gesundheitstips in Fernsehen, Zeitungen und Zeitschriften werden zur täglichen Liturgie. Der Gang zum Arzt ist nicht mehr die Ausnahme, sondern die Regel. Das Gesundheitsdogma wird schließlich allgegenwärtig, nicht nur in der Politik und den Medien, sondern vor allem in den Köpfen der Menschen. Ein Netz aus Überwachung und Selbstüberwachung, Zensur und Selbstzensur breitet sich aus – und entfaltet Mechanismen einer geistigen ›Gesundheitspolizei‹.

Hierzu werden für den Zusammenhalt nach innen und die Abgrenzung nach außen eindeutige Gegner benötigt. Denn nur über eine klare Unterteilung in gesund und krank, gut und böse kann die Macht der Doktrin ihre Wirkung entfalten. Ein an sich *abstrakter* Gesundheitsbegriff bedarf einer ›griffigen‹ Definition und prägnanten äußerlichen Symptomatik. Der maßvolle Esser, der aktive Jogger, der austrainierte, braungebrannte Körper: sie alle werden zum Zeichen einer gesundheitsbewußten und leistungsbereiten Gefolgschaft, während umgekehrt der Raucher *unmißverständlich* – mit der Kippe in der Hand die Fahne des

Widerstandes schwenkend – als Abweichler und Renegat zu erkennen ist.

Gerade hierin wird die Schlüsselrolle des Rauchers als Feindbild deutlich: Weil Gesundheit *nie* eindeutig zu beweisen ist, muß sie sich über ihre Abweichung definieren. Mit dem Raucher hat der Gesundheitsapologet deshalb seinen wichtigsten, ja geradezu *lebenswichtigen* Gegner und gleichzeitig engsten ›Bundesgenossen‹ gefunden.

Das Feindbild wird zum Lebenselixier der ›Gesundheitsdiktatur‹: Der Gesundheitspriester braucht den Gesundheitssünder wie der Teufel das Weihwasser.

Die soziale Ausgrenzung des Abweichlers erfährt eine gesellschaftliche Legitimation, sogar Dringlichkeit, politische Maßregelung und medizinische Behandlung mit eingeschlossen. Eine schrittweise Steigerung von Sanktionen erscheint gerechtfertigt, von räumlicher und sozialer Separierung – einer Art ›Genußsegregation‹ – bis hin zur Einführung von Strafzöllen in Form von Steuern und sogar dem Entzug von Grundrechten: im Namen von Gesundheit, Kultur und Menschlichkeit.

Dabei ist die Wahrheit kaum zu verschleiern: Der Kampf gegen das Rauchen wird zum Kampf gegen gesellschaftliche Vielfalt, antagonistische Lebensentwürfe, von der Norm abweichende Verhaltens- und Denkströmungen. Es ist zugleich ein zutiefst humorloser Kampf gegen nahezu jede Form von Lebensfreude.

Natürlich sind die Grenzen fließend, und natürlich muß man nicht zwingend Raucher sein, um zwingend lebensfroher zu sein. Aber in den Kampagnen gegen das Rauchen wird sichtbar, wie unter dem Vorwand der Gesundheit das öffentliche Leben schrittweise moralisch indoktriniert und zensiert wird.

In den USA wurde beispielsweise auf einer Briefmarke mit der Abbildung des Malers Jackson Pollack die auf dem Originalfoto im Mund des Künstlers steckende Zigarette von der amerikanischen Postbehörde wegretouchiert. Das gleiche geschah auf einem Briefmarkendruck dem legendären Jazzmusiker Robert Johnson. Man mag das als harmlose Bagatelle abtun, aber das ist wohl das Kalkül. In der Geisteshaltung unterscheidet sich dieses Vorgehen nicht von den Praktiken stalinistischer Zensoren, die in Ungnade gefallene Genossen von historischen Fotografien entfernten.

Auch das mittlerweile zur Norm gewordene weltweite Verhalten von Politikern, sich in der Öffentlichkeit nicht mehr rauchend zu zeigen, darf man als bedenkliches Zeichen eines zunehmenden ›Gesinnungsdrucks‹ bewerten. Nicht, daß man rauchende Politiker vermissen würde, entscheidend ist auch hier das Motiv: wer raucht, macht sich öffentlich angreifbar – opportunistische Duckmäuserei und heuchlerisches Versteckspiel werden zur Richtschnur öffentlichen Auftretens.

Schließlich auch ist die in den USA schon seit Jahren aktive ›Smoke-Free Movie‹-Bewegung nach Europa hinübergeschwappt: Auf den Filmfestspielen in Cannes wurde darüber diskutiert, ob ein generelles Rauchverbot in Filmen für Jugendliche angemessen sei. Man mag als Rauchgegner diesem Gedanken etwas abgewinnen können, ein Festspielteilnehmer stellte allerdings die Gegenfrage, was dann mit Sex- und Gewaltszenen in Filmen passieren soll.

Mit dem moralisch ›hehren‹ Argument des Jugendschutzes wird in Wahrheit eine neue Form der Zensur eingeführt: Die Wegretouchierung von Zigaretten ist dabei nur ein Anfang. Die mediale Verbannung mißliebiger Aspekte der Lebenswirklichkeit aus Gründen der ›Volkserziehung‹ führt dabei unversehens zur schleichenden Säuberung und Verfälschung von Wirklichkeitsabbildung überhaupt. Am Ende werden nicht Jugendliche geschützt, sondern eine ganze Gesellschaft wird wie eine Schar unmündiger Kinder behandelt.

Gesundheitspolitische Omnipräsenz

Während Zigaretten, und damit auch die Raucher, aus dem öffentlichen Leben verdrängt und ausgeschlossen werden, tritt zugleich die Tendenz zutage, dort, wo dies noch nicht oder nicht mehr möglich erscheint, die Botschaften des Gesundheitskultes offensiv in den öffentlichen Raum zu tragen und dort ›einzuschreiben‹. Beispiele hierfür sind vor geraumer Zeit vom italienischen Gesundheitsminister angestellte Überlegungen, bei Rauchszenen in alten Filmen Untertitel – ›Rauchen verursacht Krebs‹ – einzublenden. Und natürlich gehören dazu auch die Warnhinweise auf den Packungen. Wegen der Ähnlichkeiten mit der emblematischen Totalinfiltration des öffentlichen Raums während des »Dritten Reiches« kann man das auch die allgegenwärtige ›Fahnenhissung‹ der Gesundheitsbewegung nennen, die sich allerorten mit ihren ›Hakenkreuzchen‹ ins Bewußtsein der Menschen schreibt.

Allein wenn man nach den Gründen für die in Form von ›Todesanzeigen‹ eingeführten Warnaufschriften auf den Pakkungen fragt: Wer würde allen Ernstes behaupten, daß sie die Raucher tatsächlich vor den genannten Gefahren warnen sollen oder, wie manche behaupten, als Abschreckung für Kinder gedacht sind? Jedes kleine Kind weiß heute, daß Rauchen als schädlich gilt.

Nein, die Gründe liegen auf der Hand: sie dienen – neben willkommenen Begleiteffekten wie der Gewissensbelastung, der Genußstigmatisierung oder auch der moralischen Schützenhilfe für Rauchgegner – vor allem der Machtdemonstration. Allseits sichtbar soll dem Raucher der Makel des Verderblichen angeheftet werden. Millionen im Umlauf befindlicher Zigarettenpackungen fungieren als ›Volksempfänger‹, um in den Privatraum der suspekten Individuen mit der Botschaft vorzudringen: Wir haben dich im Auge – wir wissen, was du tust – wir werden dich kriegen!

Weil Naseabschneiden aus der Mode gekommen ist, behilft man sich mit der Brandmarkung des Produkts. Das ist weniger grausam, die Absicht bleibt dieselbe.

Wie selbst das Bundesverfassungsgericht feststellte, ist die Zahl der Raucher nach Einführung der Warnaufschriften zunächst sogar angestiegen.[9] Und wie die Theorie des »Nocebos« gezeigt hat, verstärken die Aufschriften sogar eher noch das Risiko. Typische kontraproduktive Symptome einer Verbotspolitik, wie wir wissen. Ganz am Rande werden die Packungen auch zu kostenfreien Werbeflächen für Ärzte und Apotheker: »Ihr Arzt oder Apotheker kann Ihnen dabei helfen, das Rauchen aufzugeben.« Als ob diese Hilfe kostenlos wäre.

Die Aussichten sind düster. Mit zäher Regelmäßigkeit wird in der Politik, sowohl in Europa als auch in den USA, darüber nachgedacht, Zigarettenpackungen mit Totenköpfen oder Schockbildern zu versehen; erst jüngst wurde der von der EU entworfene Schockbilder-Katalog vorgestellt.[10] Erinnerungen an die düstere Totenkult-Ästhetik des »Dritten Reiches« werden wach. Die Anti-Raucher-Bewegung nimmt Züge einer nekrophilen Hetzjagd an.

Das eigentlich Seltsame daran ist, *daß das erlaubt ist* und sich offenbar niemand daran stört, wie hier von Staats wegen die Schikanierung und Drangsalierung ›rechtschaffener Bürger‹ legitimiert wird. In ›konzertierter Aktion‹ werden die Konsumgewohnheiten von Mitmenschen an den Pranger gestellt und dem Spott der Menge ausgesetzt – die öffentliche Bevormundung wird zur Dauereinrichtung. Die Folge ist ein schleichender Verlust des Rechtsgefühls.

Gemeint damit ist das Grundrecht des Individuums, frei darüber zu entscheiden, was es seinem Körper zuführt; das Recht auf den Kauf eines Produkts von verkaufsbereiten Händlern, ohne dafür eine Geldbuße entrichten zu müssen; das Recht, dieses Produkt überall dort zu konsumieren, wo der Hausherr oder Gastgeber keine Einwände dagegen hat; das Recht schließlich auf Verschonung vor staatlicher Verleumdung und Gängelei.[11]

Man muß nicht erwähnen, daß diese Rechte die Basis bilden für das Grundverständnis des demokratischen Bürgers, eigenverantwortlich für seine Handlungen einstehen zu *müssen*; das bedeutet, diese Rechte sind auch Pflichten, ohne die eine demokratische Gesellschaft nicht funktioniert.

Was hier in Wahrheit vollzogen wird, ist die systematische Demontage und Entmündigung des Individuums. Ein aufschlußreicher Hinweis darauf sind die milliardenschweren Raucherurteile in den USA. Erwachsene und wahlberechtigte Bürger, die jahrelang schwere Raucher waren, verklagen die Tabakindustrie mit der Begründung, sie hätten von den Gefahren nichts gewußt. Kurios daran ist, daß spitzfindige Anwälte und ein verbogenes Rechtssystem das offiziell fördern und legitimieren.

Der einzelne Kläger mag einen persönlichen Millionengewinn daraus schlagen, der Bürger als Rechtsperson aber wird de facto aus seiner Selbstverantwortung entlassen. Das Ergebnis ist der entmündigte Bürger.

Ultima Ratio: Der Kostenfaktor

Von wachsender Bedeutung ist in diesem Zusammenhang die Diskussion um die Folgekosten des Rauchens und die gesundheitspolitischen Konsequenzen für das Gesundheitssystem. Denn selbst wenn ein gemäßigter Rauchgegner das ›Recht auf Selbstschädigung‹ oder das Prinzip der individuellen ›Genußfreiheit‹ gelten lassen würde, sobald die anfallenden Kosten zu Lasten des Gemeinwesens gehen, ist meistens Schluß mit der

›Toleranz‹. Die statistische Kostenanalyse avanciert hier zum überaus mächtigen ordnungspolitischen Instrument.

Die Weltbank beispielsweise beziffert die durch das Rauchen verursachten Schäden auf ca. 6–15 % der gesamten Kosten des Gesundheitssystems. Für Deutschland wurden »die tabakbedingten Kosten für Krankenbehandlung, verlorene Produktivität sowie Arbeits- und Erwerbsunfähigkeit auf jährlich 17,3 Mrd. Euro berechnet.«[12] Unversehens stellt sich die Frage, wer das alles bezahlen soll?

Nicht unerwähnt darf dabei bleiben, daß zahlreiche voneinander unabhängige Studien[13] diese Hochrechnungen eindrucksvoll widerlegen und sogar im Gegenteil nachweisen, daß Raucher durch ihren ›theoretisch-statistisch‹ früheren Tod sowohl die Krankenkassen als auch das Rentensystem deutlich entlasten. Demnach häuft ein Raucher zunächst zwar höhere Kosten an, dafür stirbt er laut Statistik aber auch 5–7 Jahre früher und spart damit entscheidende Kosten wieder ein. Ausschlaggebend ist, daß der Hauptanteil der Krankenkosten im hohen Alter entsteht; und da auch Nichtraucher gegen Lebensende krank werden, also über einen längeren Zeitraum höhere Kosten verursachen, wird ›unterm Strich‹ der Raucher kostengünstiger.

Für die Rente gilt das gleiche. Raucher und Nichtraucher zahlen beide über einen ähnlich langen Zeitraum ins Rentensystem ein. Wenn man aber – immer statistisch gesehen! – bei einem Raucher von durchschnittlich 5–7 weniger Rentenjahren ausgeht, werden auch hier durch den Raucher Ausgaben gespart. Nach einer groben Überschlagsrechnung von Kremer/

Trenkler belaufen sich die Einsparungen auf bis zu 50 Mrd. DM jährlich.[14] Ähnliche Schlußfolgerungen haben bereits in den 70er Jahren Untersuchungen durch britische Behörden ergeben.[15]

In all diesen Kalkulationen sind übrigens die staatlichen Einnahmen durch die Tabaksteuer in Höhe von zuletzt 14,1 Mrd. Euro (für das Jahr 2003) noch nicht berücksichtigt.

Gleichwohl läßt sich die Anti-Raucher-Bewegung von diesen Gegenrechungen nicht irritieren:»Obwohl die Weltbank (...) keinerlei stichhaltige Ergebnisse präsentieren kann, geht sie (...) davon aus, die Rauchenden produzierten ›wahrscheinlich‹ auch finanzielle Schäden, wie zum Beispiel für die Gesundheitsversorgung, obwohl diese schwerer zu identifizieren oder zu qualifizieren sind‹.«[16]

Schwammiger geht es eigentlich nicht, aber für den kostenbewußten Gesundheitsapostel ist das finanzielle Schadensargument zu lukrativ, als daß er darauf verzichten könnte. Wie erste Beispiele aus den USA belegen, dient das Kostenargument bereits als Vorwand für Urintests und betrieblich organisierte Nichtraucherprogramme. Als richtungsweisend können die in den USA üblichen Praktiken im Umgang mit ›illegalen Drogen‹ gelten. So werden bereits bei 81 % der größeren Firmen regelmäßige Drogenkontrollen durchgeführt.[17] Der Supreme Court hat zudem bestätigt, daß willkürliche Drogentests an Schulen nicht gegen die Rechtsordnung verstoßen. Maßgeblich in beiden Fällen ist nicht mehr die soziale Auffälligkeit der Drogenkonsumenten, der Drogenkonsum *an sich* wird zum Risikofaktor für Sicherheit, Wirtschaftlichkeit und Produktivität.

Auch beim Rauchen sind es vorgeblich ökonomische Argumente, die, wie gesehen, sogar zum Verlust des Arbeitsplatzes führen: »Wer raucht, der fliegt«[18] – was in den USA de facto auch einem Rausschmiß aus der Krankenversicherung gleichkommt. Die statistische Kostenerhebung macht es möglich.

Aufgrund ähnlicher Denkmodelle bahnt sich auch in Deutschland ein schleichender Paradigmenwechsel im Krankenversicherungssystem an. Das ursprüngliche Modell der ›Solidarität aller‹ – unabhängig von den Risiken, die sie mitbringen – wird schrittchenweise aufgekündigt, zugunsten einer »Rückführung von Krankheitsrisiken in die private Verantwortung der Patienten«.[19] Ein Gedanke, der durchaus Sinn macht, weil er im Zweifel nicht nur die Eigenverantwortung, sondern auch die Handlungsfreiheit des Patienten stärkt.

Umgekehrt aber heißt das auch: »Wer krank ist, muß nachweisen, daß er seine Krankheit nicht selbst verschuldet hat, denn fahrlässiges Verhalten kann von der ›Gemeinschaft‹ nicht belohnt werden. Solidarität gilt all jenen, die mit vergleichbaren Risiken beladen sind wie man selbst und die ihren eigenen Lebensstil verantwortungsvoll kontrollieren.«[20]

Laut einem Artikel in der Zeitschrift »Die Sozialversicherung« sind hier unter anderem folgende Verhaltensweisen im Gespräch: »Alkohol- und Nikotinmißbrauch, falsche Ernährung, mangelnde Bewegung, Drogenkonsum und Tablettenmißbrauch, aber auch Erkrankungen nach Fernreisen sowie durch Extremsportarten.«[21]

Im Resümee: »Die Entziehung von Solidarität gilt also all

jenen, die ihren Lebensstil nicht im Sinne der Versicherungsträger kontrollieren.«[22]

Weit über die moralische Ausgrenzung hinaus nimmt hier die soziale wie auch die ökonomische und rechtliche Separierung von Angepaßten und Unangepaßten, ›Gesunden‹ und ›Kranken‹, von Rauchern und Nichtrauchern ihren ganz nüchternen und realpolitischen Anfang.

Die Folge ist eine Welt von Norm-Menschen mit standardisierten Verhaltens- und Lebensmustern. Rein äußerliche Zeichen hierfür sind die flächendeckende Normierung von Körperfunktionen in Form von Standard-Gewicht, Standard-Blutbild, Standard-Ernährungsregeln; aber auch Standard-Fitneß, Standard-Wohnen, Standard-Aussehen; selbst Standard-Nasen oder Standard-Brüste bei Schönheitsoperationen; oder auch lange schon: die zur kosmetischen Norm erhobene Unterdrückung individuellen Körpergeruchs mit Standard-Duftstoffen.

Der äußerlich und innerlich total angepaßte Mensch wird zum Maß aller Dinge, zur einzigen legitimen Daseinsform in der gesundheitsfixierten Gesellschaft. Das Verhängnisvolle daran ist, daß uns das alles größtenteils als völlig normal, mitunter sogar angenehm und sinnvoll erscheint. Denn offenbar geschieht es doch nur zu unserem Glück und Wohlergehen.

Zweifel sind berechtigt. Wie das Beispiel der amerikanischen Prohibition gezeigt hat, dient das Argument der Gesundheit lediglich als Vorwand für ganz andere ordnungspolitische Ziele. Der Alkohol wird zur Ursache für den Niedergang der wirtschaftlichen und geistigen Ordnung erklärt, die tatsächlichen Gründe werden vertuscht oder ignoriert. Diese meist mutwillige ›Verdrehung‹ von Ursache und Wirkung führt schließlich zu einer systematischen Verschiebung der *Wirklichkeitswahrnehmung*: Aufgrund falsch angenommener Ursache bekämpft man falsche Auswirkungen. Und auch umgekehrt: Aufgrund falsch wahrgenommener Auswirkungen bekämpft man falsche Ursachen.

In diesem Sinne können wir den Anti-Raucher-Feldzug auch als eine groß angelegte Ablenkungskampagne und systematische ›Beschäftigungstherapie‹ betrachten. Während Armut, Hunger und Kriege in der Welt toben, lenkt der Gesundheitsapologet mit beschwörendem Sirenengeheul und funkelnden Augen den Blick auf ein paar harmlose Raucher. Die weltweite ökologische Zerstörung des Planeten wird bagatellisiert oder als naturgegeben hingestellt, während vereinzelte private Genußneigungen zu gigantischen Gefahrenherden aufgebauscht werden.

Der vielleicht folgenschwerste Aspekt dieser ›Gesundheitsdiktatur‹ aber ist die systematische moralische Diffamierung und Pathologisierung des Lebens selbst. Wir kennen bereits die Symptome: das Leben wird einer konstanten kritischen Prüfung unterzogen, überall lauern Gefahren, überall werden Feinde vermutet, es entsteht ein paranoides Sicherheits- und Kontrollbedürfnis. Zuletzt wird das Leben *an sich* kontinuierlich seiner Fehlerhaftigkeit und Bösartigkeit überführt.

Am äußersten Ende dieses Weltbildes aber steht die Vision einer rein funktionalen, zweckrationalen Gesellschaft untertäniger und angepaßter Bürger in Form von normgerechten Gesundheitsmaschinen. Eine Welt ohne Abweichler, ohne Risiko-Erlaubnis, steril.

Diese Definition von Leben aber ist die ultimative Vision der Barbarei. Die Verkündung des gesundheitlichen und hygienischen Himmelreichs auf Erden erweist sich als Einstieg in die totale Krankheit. – Im alltagsmedizinischen Gleichnis gesprochen: Die sterile und desinfizierte Welt – das ist die Welt und das Leben als chronische Krankheit und Dauerallergie.

Das Ergebnis ist das Leben als *Krieg* – als ein Krieg, in dem sich eine paranoide und hypochondrische Gesellschaft nur noch in die Gesundheitstempel der Gesundheitsindustrie flüchten kann. Wer nicht mitmacht, ist draußen.

1 Klaus Dörner: Die Gesundheitsfalle, S. 19
2 »Blitzkrieg gegen den Krebs«. Oliver Hochadel im Gespräch mit dem amerikanischen Medizinhistoriker Robert N. Proctor
http://www.freitag.de/2002/13/02131702.php
3 Henner Hess u. a.: Kontrolliertes Rauchen, S. 50
4 Brockhaus – Die Enzyklopädie: in 24 Bänden. Leipzig, Mannheim 1999
5 Ebd.
6 »Blitzkrieg gegen den Krebs«. Oliver Hochadel im Gespräch mit dem amerikanischen Medizinhistoriker Robert N. Proctor
7 Ebd.
8 Carl Wiemer: Krankheit und Kriminalität. Freiburg 2001 S. 81 f.
9 Beschluß des Bundesverfassungsgerichts vom 22. 1. 1997 »zur Frage, ob die Verpflichtung mit dem Grundrecht vereinbar ist, auf Tabakerzeugnissen Warnungen zu den Gesundheitsgefahren des Rauchens zu verbreiten«.

10 http://europa.eu.int/comm/mediathequ/photos/select/tabac_en.htm

11 Jacob Sullum: For Your Own Good, S. 273

12 Henner Hess u. a.: Kontrolliertes Rauchen, S. 107

13 Jan Barendregt et al.:»The Health Care Cost of Smoking«. In: »New Eng-
land Journal of Medicine«, Okt. 1997. Walter Krämer und Götz Trenkler:
Lexikon der populären Irrtümer. München 1998, S. 297. Henner Hess u. a.:
Kontrolliertes Rauchen, S. 108

14 Walter Krämer und Götz Trenkler: Lexikon der populären Irrtümer,
S. 301

15 Ein Bericht darüber erschien im »Guardian« vom 6. 5. 1980

16 Henner Hess u. a.: Kontrolliertes Rauchen, S. 108 f.

17 Ebd. S. 109

18 »Wer raucht, der fliegt« – so der Titel einer Meldung bei T-Online Gesundheit:
http://www2.ongesundheit.t-online.de/dyn/c/33/74/64/3374646.html

19 Ebd. S. 112

20 Ebd.

21 Ebd. S. 113

22 Ebd.

Heiliger Rauch
oder »Ein Geschenk der Götter«

»Wenn Millionen von Menschen in einem Zeitraum von fast einhundert Jahren unzählige Züge an Milliarden von Zigaretten getan haben, dann muß das Rauchen irgendeinen – wenn auch vielleicht nur vermeintlichen – Sinn haben.«

Richard Klein[1]

Ist das Leben nicht sehr viel komplexer, verwickelter und widersprüchlicher in seiner grenzenlosen Vielfalt, als daß wir es allein auf die medizinischen Maßstäbe und moralischen Grundsätze einer Gesundheitsethik reduzieren können? Welcher Mensch spürte nicht die Ambivalenz seiner Existenz? Sie ist Teil seines Grundbefindens, seiner Freiheit und Angst, Quelle seiner Leidenschaften und Sehnsüchte, seines Erfindungsreichtums und seiner Poesie – und nicht zuletzt Anstoß für die Gründung von Religion, Kultur und Wissenschaft.

Das Leben ist immer auch ein Wagnis, ein ›Risiko‹, eine Quelle von Unvorhersehbarkeiten und Überraschungen. – Unter dem Gesichtspunkt der Gesundheit wäre Columbus wohl kaum nach Amerika aufgebrochen, hätte Gandhi niemals gehungert, hätten sich die Geschwister Scholl nicht gegen Hitler und die Nazis aufgelehnt. Gesundheit ist nur scheinbar ein moralisches Ideal des Lebens, mit Moral hat sie nichts zu tun!

Die medizinische Wissenschaft inszeniert dabei fortwährend eine Vorstellung vom Leben, die de facto mit der Lebenswirklichkeit des Menschen wenig zu tun hat. - Das Leben von ›außen‹ betrachtet ist voller präziser biochemischer Gesetze, von ›innen‹ hingegen ist es voller Träume, Ängste und Sehnsüchte. Der große Mangel und Irrtum der Naturwissenschaft liegt in der Ausblendung dessen, daß das menschliche Leben vor allem etwas ›Dramatisches‹ ist.

Für die Naturwissenschaft ist Krankheit ein ›Fehler‹ und der Tod nur die Negation des Lebens. Für den Menschen aber schließt das Leben Krankheit und Tod *essentiell* mit ein. Und erleben wir nicht oft, daß etwas auf den ersten Blick schädlich, bedrohlich und unsinnig erscheint, auf den zweiten Blick aber eine wichtige Erfahrung und Horizonterweiterung bereithält?

Es sind die Grenzerfahrungen, die dem Leben Sinn und Wert verleihen: Liebe, Schmerz, Krankheit, Tod, Verlust. Gerade dort, an seinen Grenzen, wird das Leben in seiner grandiosen Unermeßlichkeit und Ambivalenz spürbar, im Großen wie im Kleinen. Wie gesagt: »Zuletzt bliebe die große Frage offen, ob wir der Erkrankung *entbehren* könnten …«

Genauso wenig ist das Leben nur auf logische Vernunft und Ordnung begründet, woher sonst nehmen wir die moralische Rechtfertigung zum Feiern, zum Dichten, zum Tanzen oder Singen? Sterbestatistiken und Biochemie wissen nichts von Dingen wie ›Feiern‹ - müssen sie aus Prinzip sogar *ausschließen*! Und ein Phänomen wie ›Exzeß‹ oder Übermut bedeutet in den Augen der Biochemie nichts anderes als eine Torheit, eine Gefahr, einen Wahnsinn – während es nach den Gesetzen des Lebens zu dessen Krönungsmomenten gehört.

Was hier innerhalb der Grundmauern der modernen medizinischen Wissenschaft geschieht, ist etwas geradezu Ungeheuerliches: die stille und heimliche Inthronisierung einer Moral, die sich gegen das Leben richtet, weil ein Leben nach den Hygiene-Maßstäben der Wissenschaften letzten Endes grau ist – unfruchtbar, lebensunfähig und *tot*. Ist es angesichts dessen nicht legitim zu sagen, jetzt brauchen wir mal eine Zigarette …?

Am Ende sind es gar ›religiöse‹ Gründe, die uns das Recht und die Pflicht geben, das Rauchen zu verteidigen – indem wir die ›heiligen‹ Momente der Rauchzeremonie wiederentdecken und ihre magische Kraft, uns mit den Elementen in Verbindung zu setzen.

Ein himmlisches Ritual

Für die amerikanischen Ureinwohner war die Tabakpflanze ein Geschenk der Götter und das Rauchen eine rituelle Handlung, durch die sie in Kontakt mit den vier göttlichen Elementen – Feuer, Wasser, Luft und Erde – gelangten. Schon die Verarbeitung der Pflanze zu Rauchtabak beinhaltete eine kultische Zeremonie. Durch das Trocknen der Blätter wird der Pflanze das Wasser entzogen, durch das Entzünden mit Feuer wird ihr ›Erdelement‹ in Rauch verwandelt. Nachdem Wasser und Erde (als weibliche Elemente der großen Mutter Erde) aus ihrer Form befreit wurden, schickten die Indianer die männlichen Elemente Feuer und Luft in Form von Rauch zu ihrem Vater Himmel zurück.[2] Der Himmel antwortete mit Rauch- und Wolkenzeichen, die Wetterveränderungen und den Wechsel der Jahreszeiten ankündigten: Rauchschwaden und Donnergetrommel als ›himmlische‹ Kommunikationsmittel.

Zugleich entfaltete der heilige Rauch der Friedenspfeife seine geheimnisvollen Kräfte im Ritual der Versöhnung. Das ist eine kultische Dimension, die auch heute noch mitunter als guter Geist über den modernen Rauchritualen schwebt: die Zigarette als Zeichen der Friedfertigkeit und der Versöhnung, als Initiation von Begegnung und Kommunikation, selbst nach Sex als innere Einkehr, Besinnung und feierlichen Abschluß.

Auch wenn wir heute in vielerlei Hinsicht von einer Profanisierung der ›Rauch-Zeremonie‹ sprechen müssen, so war doch zu allen Zeiten das Rauchen mit kleinen rituellen Handlungen verknüpft. Beim Pfeiferauchen sind es die Verrichtungen des Pfeifereinigens und Pfeifestopfens, das Entzünden des Feuers oder die Pflege der Glut. In der Ära des Schnupftabaks ist es das Ritual der ›kleinen Freude‹, das Entnehmen und Aufhäufen einer Prise, das heimliche, unbemerkte Nachwirken des Aromas und nicht zuletzt eine eigene kunsthandwerkliche Epoche von Schnupftabakdosen. (Eine Anweisung zum Schnupfen aus dem Jahre 1750 beschreibt den Vorgang in 14 Schritten).[3]

Die Blütezeit der Zigarre ist begleitet vom Zeremoniell des Stummelabschneidens, der sorgfältigen Prozedur des Entzündens, des Spiels mit der Asche, des Zur-Ruhe-Kommens und Zeitnehmens; es wurden eigens Rauchzimmer eingerichtet als Orte des Rückzugs und entspannter Gespräche.

So ist jedes Ritual zugleich Spiegel seiner Zeit. Die Zigarette als maschinell hergestelltes Massenprodukt ist bereits Ausdruck des deutlich beschleunigten Fortschritts und eines zunehmend ›profanisierten‹ Konsumvorgangs: die schnelle Zigarette zwischendurch, überall greifbar und handhabbar, auf der Straße, im Auto, im Café – oft fast nicht mehr als ein kurzer ›Kick‹ und scheinbar hoffnungslos reduziert auf ein Wegwerfprodukt.

Doch auch bei der modernen ›Massen-Zigarette‹ ist das Residuum des Rituals noch spürbar und sichtbar. Fast könnte man sagen, gerade in unserem *designten* Hightech-Zeitalter entfaltet die spezifische Archaik des Rauchens ihre besondere Magie. Noch immer steht am Anfang jeder Zigarette der kleine ›Akt des Feuermachens‹ und erweckt ferne Anklänge an die Ursprünglichkeit des alten Höhlenfeuers.

So leben auch beim Rauchen einer Zigarette die kleinen Sinnenfreuden fort: Der Tastsinn wird angeregt durch das Halten des schlanken Zylinders zwischen den Fingerspitzen, durch das Umschließen und ›Küssen‹ des Zigarettenendes mit den Lippen. Dazu gehört die Animierung der optischen Sinne, Richard Klein nennt es die »subtile Choreographie« von Glutspitze und Rauchschwaden, wenn die Zigarette in und durch die Luft »schreibt, singt oder tanzt«.[4] Auch heute noch sendet der Raucher seine Rauchzeichen zum Himmel und versenkt sich in die Botschaften ihrer Muster.

Tatsächlich gibt es Untersuchungen darüber, daß im Dunkeln sehr viel weniger geraucht wird, was sofort plausibel erscheint. Das ›Entziffern‹ der Rauchmuster ist geradezu Teil des Genusses: Wenn man ihn nicht sieht, schmeckt man ihn auch weniger. Selbst der Hörsinn wird angesprochen, durch das Zischen beim Entzünden der Flamme, das leise Knistern an der Zigarettenspitze, das Hören auf den eigenen Atem. Das Atmen selbst – Urvorgang des Lebens – wird *sichtbar*.

Alle Sinne werden angeregt und versammelt: Tastsinn und Geruchsinn, Geschmackssinn, Augen und Ohren. Ohne Zweifel – das ist die Zauberkraft, von der Cocteau gesprochen hat!

In der Erzählung »Franny und Zooey« von J. D. Salinger entdeckt die junge, von einer tiefen Krise geschüttelte Heldin im Verlauf eines recht unerfreulichen Mittagessens mit ihrem ziemlich blasierten Freund beim Rauchen einer Zigarette auf der Tischdecke einen Sonnenscheinfleck ungefähr von der Größe einer Spielmarke und versinkt für einen kurzen, magischen Augenblick in seinen Anblick, »als erwäge sie, sich auf ihm niederzulassen«.[5]

Auch wenn man über Sinn und Zweck dieser Erwägung streiten kann, gelegentlich kann das Rauchen Lichtblicke eröffnen und Eingebungen begünstigen, die ohne Zigaretten der Wahrnehmung womöglich verschlossen blieben. Rauchen hat hier etwas Philosophisches und Poetisches, es fördert das Denken und Träumen, regt die Phantasie an oder verleitet zu ungewöhnlichen Gedankengängen.

Letzteres meinten auch so bedeutsame Pfeifenraucher wie Albert Einstein, von dem die Empfehlung stammt, daß man vor der Beantwortung einer Frage grundsätzlich »immer erst seine Pfeife anzünden« sollte.[6]

Dazu paßt auch eine von Wieland Herzefelde überlieferte Anekdote zum notorischen Zigarrenraucher Bertolt Brecht:

»Alle Welt spricht immer über die Schädlichkeit des Rauchens. Ich finde, man sollte auch mal was über die Schädlichkeit des Nichtrauchens sagen. Zum Beispiel Brecht: Ihr wißt ja alle, daß er immer so eine dicke Zigarre im Mund hatte. (...) In Amerika, als man ihn vor das ›Komitee zur Untersuchung unamerikanischer Tätigkeit‹ zitierte, saß er auch mit so einer dicken Zigarre vor der Prüfungskommission. Und immer wenn man ihm eine Frage stellte, machte Brecht einen tiefen Zug, besah seine Zigarre und stieß dann langsam und mit Genuß den Rauch aus. In dieser Zeit fielen ihm die besten Antworten ein. Es wäre schädlich gewesen, wenn er nicht geraucht hätte, für ihn jedenfalls. Also, nichts gegen das Rauchen.«[7]

Die Zigarre oder Zigarette als Waffe des Denkers: in Augenblicken höchster Bedrängnis verschafft sie eine vielleicht *entscheidende* Denk- und Atempause. Die Archaik des Rituals ist offenbar Teil ihrer mythischen Kraft, der Gestus des Denkers verbindet sich mit der Aura des abwägenden und ›Finten ersinnenden‹ Kriegers.

Nicht nur in diesem Sinne schwingt auch heute noch in jeder Zigarette etwas nach vom großen Traum *von Freiheit und Abenteuer*, der zugleich der ›amerikanische Traum‹, der Traum ihres Ursprungslandes ist.

Das ist mit Absicht so formuliert, denn es wäre falsch, der Werbung die geistige Urheberschaft für diesen ›Traum‹ zu überlassen. Aber sie hat den Mythos und seine Symbolik verstanden: die Sehnsucht des Menschen nach unberührter Wildnis, nach Freiheit und Lagerfeuer, verbunden mit dem Gefühl, daß die Zivilisation nicht alles ist, daß wir von weit her kommen und diese Herkunft noch immer dunkel in uns tragen. So wird die Zigarette auch zum Symbol unseres zerrissenen Verhältnisses zur Natur. Es ist die tief in uns schlummernde Sehnsucht und Wehmut nach unseren Ursprüngen: weil wir immer noch Teil der Natur sind – und sie doch nicht mehr für uns erreichbar ist. Es ist auch immer die Fortsetzung eines Kindertraums, vielleicht eines Lebenstraums: ›Der Weg lohnt sich‹ oder: Das Leben lohnt sich. – Mehr kann man von einem Traum nicht erwarten.

Natürlich könnte man einwenden, das alles sei nichts als pure Schönfärberei, die Zigarette liefere allenfalls billige ›Ersatzbefriedigungen‹. Aber das verleugnete die Tatsache, daß der Mensch ein unentwegt denkendes, planendes und sinnendes Wesen ist, das sich in Form von Erinnerung und Erwartung vorwiegend in der Vergangenheit und der Zukunft aufhält – kurzum, daß der Mensch immer auch ein träumendes und zutiefst ›verträumtes Wesen‹ ist. Für einen kurzen Augenblick kann hier das Rauchen die Zuversicht vermitteln, daß Träume nicht nur Seifenblasen sind, sondern tatsächlich in Erfüllung gehen können; oder daß zumindest der Akt des Träumens als Zigarette immer greifbar ist.

Das Rauchen bietet hier *praktische Lebenshilfe*. Es hilft der

Selbstbestärkung, der inneren Sammlung und Vergewisserung – bei der Arbeit, vor Prüfungen, beim Flirten, bei Konfliktbeilegungen, im Straßenverkehr. Für einen kurzen Augenblick verleiht es ein Gefühl von Souveränität und Freiheit: nichts ist verloren, alles wird gut.

Seit jeher übt das Rauchen zum Leidwesen der Erwachsenen eine besonders große Anziehungskraft auf die Jugend aus. Und nüchtern betrachtet, macht das auch sehr viel Sinn.

Ein Hauptgrund liegt sicher im Reiz des Verbots, in der Faszination des Illegalen. Die Zigarette erfüllt das Bedürfnis der Jugend nach Grenzüberschreitung und Selbstbefreiung, wie sie in diesem Lebensstadium ausschließlich das Verbotene liefern kann. Wie in einem klassischen Initiationsritus wird mit der verbotenen *ersten* Zigarette der Abschied von der Kindheit und der Eintritt in die Erwachsenenwelt zelebriert.

Eng verbunden damit ist der Wunsch nach Aufbegehren gegenüber den Ungerechtigkeiten und künstlichen Fassaden der Erwachsenenwelt mit ihren starren Regeln, die für Bigotterie und Resignation stehen. Rauchen ist für den Jugendlichen auch immer ein Experiment. Er ›probt‹ den Aufstand gegen die Anforderungen und dramatischen Widersprüche der Leistungsgesellschaft. Rauchen hat hier auch etwas Verschwörerisches, es verleiht ein Gefühl von Stärke, weil es mit den unheimlichen Bedrohungen des Lebens vertraut zu machen scheint.

Und was bemerkenswert ist: Fast niemand fängt alleine mit dem Rauchen an. Das Rauchen in seinen Anfängen ist fast immer ein Gemeinschaftserlebnis, ein Fest der Zusammengehörigkeit und gegenseitigen Selbstbestärkung. Und vielleicht liegt gerade darin eine der tiefsten Wahrheiten des Rauchens verborgen: Geselligkeit.

Rauchzeichen

Zugleich ist die Zigarette, wie Jakob Tanner es ausdrückt, niemals nur »Wunschgegenstand«, sondern immer auch »Ausdrucksmedium«.[8] Wie kaum etwas anderes verkörpert sie daher auch Eroberungslust, Sex-Appeal und generell Genuß- und Kommunikationsbereitschaft. Ein Fernsehbeitrag über die neu eingeführten Rauchverbote in den New Yorker Bars berichtet über Umstellungsprobleme bei der Kontaktaufnahme zwischen den Geschlechtern. Rauchende Frauen oder Männer verraten durch ihre Art zu rauchen etwas über ihren Charakter und ihre Haltung zum Leben – durch die Art, wie sie die Zigarette halten, die Asche abschnippen, an der Zigarette ziehen, sie mit den Lippen umschließen. An einem Raucher kann man leichter seine Stimmung ablesen, etwas über sein sinnliches Naturell und seine Einstellung zum Genießen erfahren – leichter zumindest, als wenn jemand nur am Glas nippt, nichts tut und sich gelangweilt gibt. In der Fernsehdokumentation »Rendezvous mit der Zigarette« heißt es zudem: »Der beste Grund zu rauchen, ist zu zweit aufzuwachen.«[9]

Besonders prägnant sind die kommunikativen Zeichen der Zigarette in den Zeiten des Krieges. In einer Fernseh-Reportage über den Bundeswehreinsatz in Kabul kommt der Zigarette eine zentrale Rolle zu. Vor Patrouillefahrten zu den umliegenden Polizeistationen steckt der Oberkommandierende eine Extra-Pakkung als Gastgeschenk ein. Durch das Anbieten einer Zigarette und das gemeinsame Rauchen wird wirkungsvoll Mißtrauen abgebaut und ein Gefühl von Gemeinsamkeit erzeugt.

Generell ist die Zigarette in Kriegszeiten ein Zeichen der Feuerpause, in Nachkriegszeiten ein Signal der Friedfertigkeit. Sie hebt Grenzen zwischen Menschen auf: Das sichtbare Rauchbegehren des anderen macht ihn menschlich, wird zum Zeichen seiner Menschlichkeit.[10] Die Zigarette entfaltet ihre alte Wirkung als Friedenspfeife, wie wir das auch von weihnachtlichen Feuerpausen an der Front im Ersten Weltkrieg wissen.

In der »Süddeutschen Zeitung« waren kurz nach dem Kriegsende im Irak Fotos von GIs in Bagdad beim Feuergeben oder gemeinsamen Rauchen mit Einheimischen abgebildet. Es sind Dokumente von kurzen Bündnissen zwischen Männern, die aufgrund ihres kulturellen, religiösen, politischen und sprachlichen Hintergrundes Welten voneinander entfernt sind und sich dennoch für einen kurzen Augenblick in ihrem Wunsch nach einer Zigarette vereint wissen. Womöglich wird das Rauchen für alle Zeiten der einzige Moment der Verständigung zwischen ihnen bleiben.

Aus Todfeinden werden beim Rauchen für einen kurzen Moment Seelenverwandte – das ist noch einmal die geheimnisvolle Macht der Zigarette als Friedensstifterin, als Kalumet.

Stütze des Alltags

In Augenblicken, in denen wir fürchten müssen, das Leben nicht ›in den Griff zu kriegen‹, kann der spontane ›Griff zur Zigarette‹ vorübergehend Halt und willkommene Rettung bieten. Rauchen besetzt hier die kritische Schwelle zwischen Mensch und Welt, Ich und Wirklichkeit. Es wird zum Brückenbauer im Austausch mit einer unübersichtlichen und bedrohlichen Außenwelt.

Wie wir wissen, führt dieses Bedürfnis nach Sicherheit und Selbstbestärkung bei manchen Menschen zu äußerst zwanghaften und exzessiven Rauchgewohnheiten, wofür der Kettenraucher das drastischste Beispiel abgibt. Nur dürfen wir die Schuld dafür nicht bei der Zigarette suchen.

Das öffentliche Leben und die Medien beherrscht das Bild vom selbstbewußten und souveränen Menschen. Aber das kann kaum darüber hinwegtäuschen, daß letztlich kein Mensch frei ist von Sorgen, Ängsten, Zweifeln und idiosynkratischen Affekten oder selbst unterschiedlich stark ausgeprägten neurotischen Charakteranteilen – und daher im Alltag gewisser Gewohnheiten und Rituale bedarf, ›Belohnungssysteme‹ erfindet oder nach Lustbeimischungen Ausschau hält, die ihm helfen, den Herausforderungen des täglichen Lebens gerecht zu werden.

Rauchen beinhaltet jenseits aller Rationalität und Zweckmäßigkeit auch etwas völlig Privates und Selbstbezügliches, ohne *jeden* gesellschaftlichen Nutzen. In einer von strengen Regeln und straffer Arbeitsorganisation beherrschten Welt eröffnet es eine nicht vorgesehene Nische, in der sich der Mensch für einen kurzen Augenblick von allen Zwängen lösen und zu sich selbst zurückfinden kann. Daß dieser Freiraum nicht allein als leerer Müßiggang erlebt wird, sondern mit Hilfe eines für die Gesellschaft völlig unnützen, womöglich schädlichen Genußmittels ausgefüllt wird, ist eine entscheidende Komponente dieses Augenblicks.

Es erklärt erneut die magische Kraft, die die Zigarette insbesondere in den Zeiten des Krieges entfaltet. Für den Soldaten zeigt sich das Leben von seiner grausamen, nackten Seite, voller Entbehrungen und Torturen durch Wetter, Kälte, Hitze, Regen. Da ist die Einsamkeit, die grausame Leere, das endlose Warten – aller zivilen und familiären Stützen entledigt. Am Schlimmsten ist wahrscheinlich die ständige Todesangst. Und vor alldem gibt es kein Entrinnen und keine Erlösung – außer einer Zigarette.

So wird auch die Aussage von General John J. Pershing aus dem Jahre 1918 nachvollziehbar, der in einem Brief an seinen Verteidigungsminister unmißverständlich klarstellt: »You ask me what we need to win this war. I will tell you, we need tobacco, more tobacco – even more than food.«[11]

Im Angesicht des Todes verliert selbst das Essen seinen Reiz und seinen Sinn. Die dramatische Schwelle zwischen Leben und Tod kann nur eine Zigarette mit Sinn erfüllen.

Wie ungeheuer wichtig Zigaretten für Soldaten sind, zeigt auch, daß selbst Hitler ein Einsehen hatte und seine Anti-Raucher-Pläne auf die Zeit nach dem Endsieg verschob. Auch die erste große Anti-Raucher-Welle zu Beginn des letzten Jahrhunderts in den USA ist letzten Endes durch den Ersten Weltkrieg gestoppt worden. In Zeitungen wie der »New York Times« kam es zu Tabak-Sammelaktionen für die ›Boys‹. Wer immer noch an der Macht der Zigarette zweifelt, kann sich auch die Frage stellen: Was soll man den Jungs denn sonst an die Front schicken? *Kekse?*

Eine zweifellos ähnliche Rolle spielt die Zigarette im modernen Streß- und Depressionszeitalter: Sie beruhigt die Hysteriker und Neurotiker des Alltags. Sie verhilft den Zwanghaften zu einer Pause von ihren Obsessionen, sie verschafft Erleichterung in Momenten der Niedergeschlagenheit, sie unterstützt die Gestaltung von Zeit- und Tagesabläufen. Man kann ja auch nicht immer gleich Medikamente geben; also bitte ein bißchen Respekt vor der Zigarette!

In einem der großartigsten Romane der Weltliteratur, im »Zauberberg« von Thomas Mann, hat dieser der zugleich stimulierenden wie auch lebensbestärkenden Bedeutung des Rauchens mit den Worten seines Romanhelden Hans Castorp ein faszinierendes Denkmal gesetzt:

»Ich verstehe es nicht, wie jemand nicht rauchen kann, – er bringt sich doch, sozusagen, um des Lebens bestes Teil und jedenfalls um ein ganz eminentes Vergnügen! Wenn ich aufwache, so freue ich mich, daß ich tagsüber werde rauchen dürfen, und wenn ich esse, so freue ich mich wieder darauf, ja ich kann sagen, daß ich eigentlich bloß esse, um rauchen zu können, wenn ich damit natürlich auch etwas übertreibe. Aber ein Tag ohne Tabak, das wäre für mich der Gipfel der Schalheit, ein vollständig öder und reizloser Tag, und wenn ich mir morgens sagen müßte: heut gibt's nichts zu rauchen, – ich glaube, ich fände den Mut gar nicht, aufzustehen, wahrhaftig, ich bliebe liegen. (…) Denn es kann einem sehr schlecht gehen, – nehmen wir mal an, es ginge mir miserabel; aber solange ich noch meine Zigarre hätte, hielte ich's aus, das weiß ich, sie brächte mich drüber weg.«[12]

Und nur am Rande: Kaum jemand weiß, daß George Sand, die als ›eine der berühmtesten Zigarettenraucherinnen aller Zeiten‹ gilt, ihre Leidenschaft zum Tabak entdeckte, als sie ihre sterbende Großmutter pflegte![13]

Das Leben als Begehren

Woher rührt diese Macht der Zigarette? – Die Zigarette verkörpert auf faszinierende Weise einen Ur-Moment des Lebens: Lust und Begehren. Sie versinnbildlicht, daß das Leben *an sich* ein ständiges Begehren ist: Begehren nach Luft, nach Nahrung, nach Liebe, nach Sicherheit, nach Selbstverwirklichung und Selbstentfaltung – und nicht zuletzt das Begehren zu überleben.

Das Wesen dieses Begehrens kann man beschreiben als die *ständige Erwartung des nächsten Augenblicks*, der stete Übergang vom ›hier‹ zum ›da‹, vom ›jetzt‹ zum ›gleich‹, die immerzu lauernde ›Lust der Erwartung‹. Denn nicht das, was wir bereits haben, ist das Spannende am Leben, sondern das, was wir im nächsten Atemzug benötigen, erleben und verzehren werden.

Ohne diese Lust wären wir ziemlich ›verloren‹. Die Lust zu arbeiten, zu essen, zu denken, zu lieben, die Lust etwas zu tun oder zu lassen – diese Lust *ist* das Leben. Und jeder weiß, wie mühselig und quälend das Leben sein kann, wenn diese Lust abhanden kommt, nichts mehr Freude bereitet, nichts mehr schmeckt, alles nur noch fade und trostlos wirkt. Wenn es eine Abhängigkeit im Leben gibt, dann, in der Tat, die Abhängigkeit von dieser Lebenslust.

Die letzte Bestimmung dieser Lust aber ist immer auch ihre Selbstauslöschung, in der *Lusterfüllung* vollzieht sie das Ende ihrer selbst. Bei der Zigarette ist das ganz ähnlich – mit einem großen Unterschied: im Gegensatz zu den wechselhaften und stets ungewissen Lustquellen des Lebens bürgt die Zigarette für *Zuverlässigkeit.* So ist jede letzte gerauchte Zigarette immer auch ein Garant dafür, daß sie der Beginn einer neu aufflammenden Leidenschaft sein wird. Nicht in ihrer unspektakulären *Lustbefriedigung* liegt ihre Macht, sondern in dem Versprechen, daß sie das Bedürfnis des Menschen nach Lust niemals im Stich lassen und immer wieder neu entfachen wird. Oder wie Oscar Wilde es ausdrückt: »Die Zigarette ist der vollendete Ausdruck eines vollkommenen Genusses. Sie ist exquisit und läßt uns unbefriedigt. Was kann man mehr verlangen?«

Gleichzeitig, seien wir ehrlich, ist das Leben oft ›treulos‹ und unzuverlässig. Das gehört zu den Unwägbarkeiten und Launenhaftigkeiten des Lebens, vielleicht sogar zur ständig lauernden ›Sinnlosigkeit‹ des Lebens. Man kann einen Raucher als einen Menschen begreifen, der diesen ständigen Selbstwiderspruch des Lebens spürt. Mit dem Rauchen versetzt er sich in die Lage, angesichts seiner Ohnmacht gegenüber den Kapriolen des Daseins ein Stück seiner Souveränität zurückzugewinnen. Ja, mehr noch: Mit dem Rauchen gewinnt er die Kontrolle über seine *Abhängigkeit* zurück.

Das ist die große Zuverlässigkeit des Rauchens. Ein Film, ein Buch, eine Begegnung, eine Beziehung, eine Mahlzeit – all diese Dinge können von unterschiedlicher oder fragwürdiger Qualität sein, unvorhersehbar, enttäuschend und riskant. Somerset Maugham soll einmal gesagt haben, das Rauchen sei »die einzige Erfüllung seines Lebens, in die sich nie die Bitternis der Enttäuschung gemengt habe«.[14]

Kein Zweifel, die Zigarette ist von einer bedingungslosen Treue, die es im Leben sonst kaum gibt.

Hinter der Zigarette als ›Verkörperung von Lust‹ verbirgt sich auch eine zutiefst erotische Komponente des Rauchens.

»Die Zigarette ist eine Frau, eine schreckliche, wilde, fordernde, aber überaus begehrenswerte Geliebte, die keine Kompromisse duldet und eifersüchtig darüber wacht, daß man nichts und niemand sonst die geforderte Hingabe entgegenbringt.«[15]

Carmen, die Heldin in Bizets gleichnamiger Oper, ist nicht nur Tabakarbeiterin, sie ist auch, französisch gesprochen, eine Gitane – eine Zigeunerin.

>>Carmen ist die Zigarette, welche sie wie ein Juwel aus dem silbernen Etui des Erzählers entgegennimmt, oder vielmehr: sie ist das feurige Herz, das karmesinrot an der Spitze der Zigarette glüht und jeden leuchtenden Traum in köstlichen Rauch und bittere Asche verwandelt.<<[16]

So ist die Zigarette ein lodernder Traum, der, wie der Eros der Liebe, schließlich im Rau(s)ch seines eigenen Feuers verglüht und erlischt. In Carmen – der Gesetzlosen, der dämonischen Hure, dem Sinnbild der Verführung – wird auch die Gefährlichkeit, Vergänglichkeit und geheimnisvolle Beziehung der Zigarette zum Tod spürbar. Carmen wird zur >>rauchenden Muse<< des rauchenden Dichters, den sie inspiriert:

>>Wie die Zigarette, die sie raucht, ist Carmen schwarz wie Asche und rot wie Glut; die Arabesken, die in ihren Augen wirken, beschwören Vorahnungen des Todes herauf: In diesen Augen spiegelt sich eine Art von heiterem Wissen um die grausame Endlichkeit des Lebens.<<[17]

Was zurückbleibt, ist der schale Nachgeschmack, die kalte Asche der Ernüchterung. Nur mit dem Unterschied, daß im Gegensatz zur Liebe das Erlöschen dieser Glut zugleich neue Verheißung verspricht: bis die Lust wieder aufflammt und zu einer neuen Eroberung bereit ist.

Sartre oder die »Dialektik des Rauchens«

Wie kaum ein anderer hat Jean-Paul Sartre die philosophische Dimension des Rauchens erschlossen. Selbst starker Raucher, ist wohl kaum eine Zeile von »Das Sein und das Nichts« ohne den Beistand zahlreicher Zigaretten entstanden. Die Zigaretten werden bei Sartre zur Veranschaulichung seiner Erkenntnistheorie herangezogen, sie werden zum Gleichnis für Welterkenntnis als Welt*aneignung*: »Über den Tabak, den ich rauchte, brannte, rauchte die Welt, löste sich in Dampf auf, um in mich einzugehen.«[18]

Beim Rauchen wird nach Sartre der zerstörerische Akt der ›Weltaneignung‹ als ›Weltauflösung‹ transparent. Nichts anderes geschieht in allen Formen von Erkenntnis. Denn alles, was der Mensch erlebt oder erfährt, geht im nächsten Moment über in den ›Rauch seiner Gedanken‹. Dinge werden zu Gedanken, Gedanken werden zu Worten, Worte werden zu Begriffen. Selbst der Stein in der Hand des Betrachters verwandelt sich im Akt der Betrachtung unversehens *in einen Gedanken* von einem Stein, in eine abstrakte Form und transzendentale Tätigkeit. Alles Leben ist immer auch Denken und alles Denken über die Materie ist immer auch Geist. Das geistige Leben des Menschen wird im Rauchen sichtbar als Verflüchtigung und Oszillation.

In all diesen Momenten wird deutlich, daß das Rauchen etwas ermöglicht, was aus wissenschaftlicher Sicht als etwas Undenkbares anzusehen ist: das Rauchen ist in der Lage, *eine Pause vom Leben zu verschaffen*.

Atmen und essen, schlafen und denken können Momente der Freiheit und Selbstbestimmung beinhalten, und doch sind sie uns gleichsam von der Natur auferlegt. Weil Rauchen aus Sicht der Lebenserhaltung sinn- und nutzlos ist, erhebt es sich über die Zwänge der Naturgesetze und ermöglicht den ›vorübergehenden Austritt aus dem Strom kausaler Ketten‹. Auch deshalb ist Rauchen eine transzendentale Tätigkeit – und erneut ein Triumph der Freiheit.

Vielleicht auch deshalb kann man beim Rauchen soviel Ähnlichkeiten mit dem Vorgang des Denkens entdecken. Beides befindet sich in einem seltsamen Schwebezustand zwischen aktiver Handlung und passivem Geschehen, beides ist angesiedelt zwischen geistiger und körperlicher Welt, einerseits flatterhaft und flüchtig und gleichzeitig von konkreter Präsenz und Wirkung.[19]

Zu Recht auch bezeichnet der große Poet des »blauen Dunstes«, Richard Klein, Rauch und Seele als »verwandte Substanzen« und stellt sogar eine Wesensverwandtschaft zwischen Lachen und Rauchen fest. Beidem sei das Vergnügen am Bruch mit dem Gesetz zu eigen. Beides erlaubt, eine Distanz zur Wirklichkeit mit ihren Gesetzen der Notwendigkeit herzustellen.[20]

Man kann es die ›Dialektik des Rauchens‹ nennen. Rauchen entfacht nicht nur Träume und entrückt von der Wirklichkeit – indem es den Traum entzündet, ist es zugleich sein Erlöschen. Rauchen evoziert das »Vergessen des Vergessens«, Zigaretten »steigern den Sinn für die Realität, in die man unvermittelt zurückversetzt wird, nachdem man sie vorübergehend von einem Standpunkt außerhalb betrachtet hat«.[21]

Und nicht zuletzt simuliert das Rauchen den Tod. Symbol dafür ist die Asche, kaltes Überbleibsel einer verbrannten Lust, Mahnmal der erloschenen Lebensflamme, Erinnerung an die eigene Bestimmung, die das Leben auch immer bedeutet: Asche zu Asche, Staub zu Staub.

»Zigaretten erinnern Dich an Deine Sterblichkeit«, sagt Paul Auster.[22] Vor allem aber können sie im Angesicht des Todes einen letzten Hauch von Würde, Trost und Halt vermitteln. Von Sir Walther Raleigh, der 1618 unter James I. hingerichtet wurde, erzählt man, daß er mit der Pfeife im Mund das Schafott bestiegen habe und mit ebendieser Pfeife im Mund auch sein Kopf abgeschlagen wurde. In den Todeszellen von Texas und Kalifornien wird in diesen Tagen den Todeskandidaten die letzte Zigarette verweigert – vermutlich auch hier aus gesundheitlichen Gründen. Selbst der alte Rauchhasser James I. wäre nicht auf eine solch »absurde Perfidität« gekommen.[23]

1 Richard Klein: Schöner blauer Dunst, S. 24
2 Ruediger Dahlke: Psychologie des blauen Dunstes, S. 36
3 Detlef Bluhm: Wenn man im Himmel nicht rauchen darf, gehe ich nicht hin, S. 89
4 Richard Klein: Schöner blauer Dunst, S. 28
5 J. D. Salinger: Franny und Zooey. Reinbek 1985, S. 15

6 Detlef Bluhm: Wenn man im Himmel nicht rauchen darf, gehe ich nicht hin, S. 13

7 Ebd.

8 Jakob Tanner: Rauchzeichen. In: Thomas Hengartner und Christoph Maria Merki (Hg.): Tabakfragen. Zürich 1996, S. 16

9 Rendezvous mit der Zigarette. Die Kultur des Rauchens. Doku Dtl. 2004. Arte 31. 5. 2005

10 Richard Klein: Schöner blauer Dunst, S. 234 ff.

11 Ebd. S. 211

12 Thomas Mann: Der Zauberberg. Frankfurt a. M. 1981, S. 52 f.

13 Sabina Brändli: »Sie rauchen wie ein Mann, Madame«. In: Thomas Hengartner und Christoph Maria Merki (Hg.): Tabakfragen, S. 96

14 Detlef Bluhm: Wenn man im Himmel nicht rauchen darf, gehe ich nicht hin, S. 117

15 Richard Klein: Schöner blauer Dunst, S. 81

16 Ebd. S. 180

17 Ebd. S. 194

18 Jean-Paul Sartre: Das Sein und das Nichts. Reinbek 1993, S. 1021

19 Richard Klein: Schöner blauer Dunst, S. 241

20 Ebd. S. 216 und 250 f.

21 Ebd. S. 220

22 Detlef Bluhm: Wenn man im Himmel nicht rauchen darf, gehe ich nicht hin, S. 162

23 Hasso Spode: Sauferei eines Nebels. In: NZZ-Folio
http://www.x.nzz.ch/folio/archiv/1996/11/articles/spode.html

Schlußwort

Rauchen – und kein Ende in Sicht

Täglich neue Meldungen über neu entdeckte Risiken und neu geplante Verbote zeigen, daß die Hysterie um das Rauchen ihren Höhepunkt noch lange nicht erreicht hat. So ist es kaum verwunderlich, daß Rauchen mittlerweile auch taub, blind und dumm macht.[1]

Nach über vier Jahrzehnten der gesundheitlichen ›Aufklärung‹, Abschreckung und Ausweitung der Rauchverbote sowie einer stetigen Anhebung der Preise für den Tabak ist eine weitere deutliche Absenkung der ›Raucherzahlen‹ nicht in Sicht. Auch wenn die letzte Steuererhöhung dem Vernehmen nach einen Rückgang bewirkt hat – nichts kann darüber hinwegtäuschen, daß die Menschen, wie schon zu Zeiten Murads IV., trotz massiver Todesandrohungen offenbar nicht vom Rauchen abzubringen sind.

Wer sich mit diesem denkwürdigen Phänomen nicht abfinden kann, wer immer noch meint, daß die weiterhin große Verbreitung des Rauchens an immer noch *ungenügenden* Maßnahmen liegt, der muß zwangsläufig ›zur gesundheitspolitischen Brechstange‹ greifen.

Die Tabakpolitik setzt hier Maßstäbe, die sich bald auch auf andere Bereiche ausdehnen könnten. Wie Forscher aus Schweden, Kanada und den USA im britischen Medizinjournal »The

Lancet« bekanntgegeben haben, ist der Alkohol für 4 % der weltweiten Gesundheitsprobleme verantwortlich und liegt damit nur knapp hinter dem Tabak mit 4,1 % … Am Beispiel Großbritanniens haben die Forscher ausgerechnet, daß eine Preiserhöhung um 10 % die Zahl der Alkoholtoten unter den Frauen um 29 %, unter den Männern um 37 % reduzieren könnte.[2] Wieder einmal hätte man viele Menschenleben dadurch gerettet, daß sie an etwas anderem sterben dürfen.

Wollen wir mit einem solchen Verständnis von Gesundheit tatsächlich ernst machen, dann wäre es an der Zeit, endlich auch die Ernährung der Menschen schärfer ins Visier zu nehmen. Fetthaltige Nahrungsmittel und Süßstoffe sollten mit erhöhten Steuern belegt werden, der *epidemische* Mißbrauch durch Currywürste, Pommes Frites und Hamburger sollte durch Werbeverbote eingedämmt, Warnaufschriften auf Konditoreiwaren, Sahnebechern und Schokoriegeln müßten gesetzlich vorgeschrieben werden. Wir sollten Pflichtsport erlassen und Gesundheitspässe einführen, so wie heute schon beim Zahnarzt der Stempel im Bonusheft Voraussetzung für eine Kostenerstattung ist. Die Schuhindustrie könnte angewiesen werden, an ihren Produkten Warnhinweise anzubringen: ›Bewegungsmangel kann tödlich sein. Gehen Sie öfter zu Fuß!‹ Auf Autotüren sollten Plaketten uns vorm Einsteigen einschärfen: ›Autofahren fügt Ihnen und Ihrer Umgebung erheblichen Schaden zu.‹

Die überhaupt schädlichste Tätigkeit des Alltags aber ist die Arbeit. Täglich acht Stunden Streß, falsche Sitzhaltung, Computerstrahlung und latente Überforderung gepaart mit chronischer Existenzangst – von den vielen handwerklichen Berufen mit ihren zahlreichen Gift- und Gefahrenstoffen ganz zu schweigen. – Am Ende müßten wir für ein sorgenfreies Leben in rundum perfekter Gesundheit das Leben selber abschaffen.

Tatsache ist: ein vernünftiger und sinnvoller, vielleicht sogar ›kultivierter‹ Dialog über die Vor- und Nachteile des Rauchens wird durch die gegenwärtige Kampagne behindert, verhindert und tabuisiert. Die Medizin macht sich durch ihre überzogenen Meldungen zunehmend unglaubwürdig. Und daß durch eine übersteigerte Verbotspolitik das Rauchen für Jugendliche eher noch an Attraktivität gewinnt, ist auch kein Geheimnis.

Eine differenzierte ›Konsumberatung‹ wird ersetzt durch eine primitive Schwarz-Weiß-Malerei. So haben jüngst Forscher verkündet, daß selbst ›maßvolles‹ Rauchen (6–9 Zigaretten täglich) das Herzinfarktrisiko verdoppelt.[3] Sofort ist zu fragen: Eine Verdoppelung *wovon?* Allerorten wird behauptet, daß eine Risikoverminderung durch »Light«-Zigaretten irreführend ist – weshalb auch die Aufschriften verboten wurden. Dabei ist eine im »British Medical Journal« veröffentlichte Studie zu dem Ergebnis gekommen, daß ›Leicht-Zigaretten‹ durchaus die Risiken senken können.[4] Hier gibt es offenbar für den Raucher Handlungsspielräume und Möglichkeiten der persönlichen Konsum- und Risikogestaltung, die im Rahmen der aktuellen Anti-Raucher-Hysterie systematisch ausgeblendet werden. *Auf Kosten der Gesundheit?*

Wer das Rauchen ernsthaft liebt, der wird den Gedanken zulassen, daß ein gewisses Maßhalten durchaus genußsteigernd und – oh je! – am Ende auch gesundheitsdienlich ist. Wir wollen hier nicht selber in Vorschriften verfallen, vor allem auch sind keinerlei Sicherheitsgarantien für unbedenkliche Konsummengen abzugeben, aber an den Kettenraucher können wir die klare Botschaft richten: 30–40 oder mehr Zigaretten täglich stellen eine *dramatische* Menge dar und setzen die Lunge einer erheblichen Belastung aus. Man darf sogar die Frage aufwerfen, ob solche Formen eines *manischen Konsums* tatsächlich noch als Rauchen zu bezeichnen sind!

Kein Raucher sollte sich ohnmächtig seiner *manischen Sucht* ergeben. Es mag ihm schwerfallen, es mag ihm Mühe bereiten, aber kein Naturgesetz verdammt ihn dazu, zum hoffnungslosen Sklaven seiner Sucht zu werden: Hier liegt der kreative Ansatz moderner ›Selbstwirksamkeitstheorien‹, die Rauchen als ein erlerntes und zugleich »automatisiertes Verhalten« begreifen, das genau deshalb auch wieder *verlernt oder geändert werden kann*![5] Wir können durch Selbstbeobachtung Rauchverhalten analysieren, unbewußte Automatismen durchbrechen und das Rauchen von bestimmten Handlungsabläufen abkoppeln[6], um es auf diese Weise den dumpfen Reflexen des wahllosen Konsums zu entreißen und in seine genußvollen Dimensionen zurückzuführen.

Das bedeutet zugleich: bewußter Rauchen und bewußter ›Lust haben‹, sich jede einzelne Zigarette bewußt einteilen, ›verdienen‹ oder gar ›erkämpfen‹ – um so jeder einzelnen Zigarette wieder ›Sinn‹ zu geben. Man könnte es daher auch ›sinnvolles Rauchen‹ nennen.

An die Politik aber darf man die Botschaft richten: Aller gesundheitlichen Fürsorge zum Trotz – ein Staat, der die Gesundheit des Volkes zum Bestandteil seiner politischen Ziele erklärt, ist ein tendenziell autoritärer Staat, weil er die Grenze zwischen privatem und öffentlichem Recht überschreitet. Am Ende beobachtet ein solcher Staat nahezu jeden Aspekt der Lebensführung seiner Bürger unter dem Gesichtspunkt der Gesundheit, Krankheit wird zum Beweisgegenstand für persönliches Fehlverhalten – Eingriffe und Regulierungen sind der folgerichtige nächste Schritt.

Zuletzt wird dieser Staat den wahren Feind der Gesundheit und den größten Risikofaktor für Krankheiten und Unfälle ausmachen: die Freiheit! Und wir dachten immer, es sei das Rauchen gewesen.[7]

1974 ist die damalige Bundesregierung in ihrer Antwort auf die »Kleine Anfrage der Abgeordneten Vogt u.a. bezüglich der Auswirkung des Zigarettenrauchens« zu folgender Feststellung gekommen:

»In der unmittelbaren Nachkriegszeit, wie schon während des letzten Krieges, gab es Tabakwaren nur in beschränktem Umfange. Werbung war weitgehend unnötig. Trotzdem rauchten damals zunehmend mehr Menschen, und die Raucher steigerten ihren Konsum. Die Folge war, daß zu steigenden Preisen Tabakwaren ›schwarz‹ gekauft wurden oder man auf die sonderbarsten Pflanzen auswich, die sich in getrocknetem Zustand zum Rauchen eigneten. Das gesundheitliche Risiko des Rauchens wurde dadurch stark vergrößert. Ein Herstellungs- und Vertriebsverbot müßte sich ähnlich auswirken, keineswegs würde es die Raucher zu Nichtrauchern werden lassen. Mit Sicherheit würde sich bei einer derartigen ›Prohibition‹ wieder ein ›schwarzer Markt‹ bilden, zusätzlich würde wiederum auf Tabakersatzstoffe ausgewichen werden. Das Verbot ist demnach keine Lösung.«

Eine der großen und vielleicht sogar ehrwürdigsten Errungenschaften der europäischen Aufklärung war der Gedanke der Toleranz. Menschen sind unterschiedlichen Glaubens, unterschiedlicher Überzeugungen und haben unterschiedliche Lebensentwürfe. Deswegen sollten sich Menschen nicht gegenseitig verfolgen. Im Zweifel sollten sie lieber gemeinsam eine rauchen. Das ist am Ende gesünder.

Danksagung:
Mein Freund Henning Kniesche hat die Vermutung geäußert, ich wollte mit diesem sicherlich ›riskanten‹ Buch meine Dämonen bekämpfen. Wahrscheinlich hat er recht.

Ohne unendlich viele – nach meinen Berechnungen: *zu viele* – Zigaretten und zahlreiche andere Helfer wäre dieses Unternehmen nicht möglich gewesen.

An erster Stelle danke ich Christian Koof für seinen unermüdlichen Beistand und viele kluge Anmerkungen und Änderungsvorschläge – besonders aber für seine treue Freundschaft jetzt schon 30 Jahre lang.

Ich danke Elke Luhmann und Michael Gantenberg für ihre Unterstützung und viele wertvolle Hinweise, Christian Munder für seine zuweilen herzerweichenden Mahnungen und – mit besonderer Zuneigung - Christiane Ruff, der ich ohnehin unendlich viel zu verdanken habe.

Das gilt auch für meinen Vater, der bei der Entstehung der Idee ›Taufpate‹ war, meine Mutter, der ich mit 16 versprochen habe, mit 18 mit dem Rauchen aufzuhören, und meine Schwester Susanne, deren Entsetzen über die Absichten des Buches ein ungeheurer Ansporn waren.

Tino, Steph und Tommy haben alle ihren Anteil an der Entstehung dieser Seiten gehabt. Schließlich danke ich Hannah für ihren bewundernswerten Langmut, wenn der Besessene hinterm Schreibtisch verschwand. Und natürlich meinem Sohn J. J., ohne den vieles sowieso keinen Sinn machen würde.

Last but not least danke ich dem DuMont Literatur und Kunst Verlag für seinen Mut und sein Vertrauen – und schließlich und endlich Christian Döring für seine exzeptionelle Betreuung, die ich als großes Glück empfunden habe.

1 http://hoeren-heute.de/archiv_12_02.htm
   http://www.at-schweiz.ch/medien/view.php?message_id=1670
   http://www.spiegel.de/wissenschaft/mensch/0,1518,291887,00.html
2 http://www.spiegel.de/wissenschaft/mensch/0,1518,340043,00.html
3 http://www.lifeline.de/special/rauchentwoehnung/cda/page/
   frame/1,3076,29-13668,00.html
4 »Die Welt« vom 15. 1. 1996. http://welt.de/data/1996/01/15/691689.html
5 Henner Hess u. a.: Kontrolliertes Rauchen, S. 132 ff.
6 Ebd. S. 145 f.
7 Jacob Sullum: For Your Own Good, S. 276

Literatur

Amendt, Günter: No Drugs, No Future. Hamburg: Europa 2003

Bluhm, Detlef: Wenn man im Himmel nicht rauchen darf, gehe ich nicht hin. Berlin: Aufbau 2000

Böse, Georg: Und es wird doch geraucht. Köln: J. P. Bachem 1965

Carr, Allen: Endlich Nichtraucher. München: Goldmann 2000

Colby, Lauren A.: In Defense of Smokers. http://www.lcolby.com 1999

Corti, Egon Caesar Conte: Die trockene Trunkenheit. Leipzig: Insel 1930

Dahlke, Ruediger und Margit Dahlke: Die Psychologie des blauen Dunstes. München: Knaur 2000

Dörner, Klaus: Die Gesundheitsfalle. München: Econ 2003

Enke, Martina Christine: Über die Bedeutung des Tabaks in der europäischen Medizin vom 16. bis ins 20. Jahrhundert. Berlin: VWF 1998

Fleck, Ludwik: Entstehung und Entwicklung einer wissenschaftlichen Tatsache. Frankfurt a. M.: Suhrkamp stw 1980

Gelfert, Hans-Dieter: Typisch amerikanisch. München: C. H. Beck 2002

Haustein, Knut-Olaf: Tabakabhängigkeit. Köln: Deutscher Ärzte-Verlag 2001

Hengartner, Thomas und Christoph Maria Merki (Hg.): Tabakfragen. Zürich: Chronos 1996

Hess, Henner: Rauchen: Geschichte, Geschäfte, Gefahren. Frankfurt a. M., New York: Campus 1987

Hess, Henner und Birgitta Kolte, Henning Schmidt-Semisch: Kontrolliertes Rauchen. Freiburg i. B.: Lambertus 2004

Klein, Richard: Schöner blauer Dunst. München: btb bei Goldmann 1997

Kuhn, Thomas S.: Die Struktur wissenschaftlicher Revolution. Frankfurt a. M.: Suhrkamp stw 1976

Lütz, Martin: Lebenslust. München: Pattloch 2002

Mann, Thomas: Der Zauberberg. Frankfurt a. M.: S. Fischer 1981

Marquardt, Hans und Siegfried G. Schäfer (Hrsg.): Lehrbuch der Toxikologie. Heidelberg, Berlin: Spektrum Akadem. Verlag 1997

Nietzsche, Friedrich: Sämtliche Werke. Kritische Studienausgabe in 15 Bänden. München, Berlin, New York: dtv/de Gruyter 1980

Peri Rossi, Cristina: Die Zigarette. Berlin: Berenberg 2004

Prätorius, Rainer: In God We Trust. München: C. H. Beck 2003

Raeithel, Georg: Geschichte der nordamerikanischen Kultur. Frankfurt a. M.: Zweitausendeins 2002

Rien, Mark W. und Gustav Nils Dorén: Das Neue Tobagobuch. Reemtsma 1985

Sartre, Jean-Paul: Das Sein und das Nichts. Übers. von Hans Schöneberg und Traugott König. Reinbek: Rowohlt 1993

Schmidt-Semisch, Henning und Frank Nolte: Drogen. Hamburg: Rotbuch 2000

Sullum, Jacob: For Your Own Good. New York: Schuster & Schuster 1998

Svevo, Italo: Zeno Cosini. Reinbek: Rowohlt 1988

Tölle, Rainer und Gerhard Buchkremer: Zigarettenrauchen. Berlin, Heidelberg et al.: Springer 1989

Troschke, Jürgen von: Das Rauchen. Basel: Birkhäuser 1987

Wiemer, Carl: Krankheit und Kriminalität. Freiburg: ca ira 2001

Inhaltsstoffe